ぼんくら仏教論

ぼんくら
Bonkura

風詠社

序　文

「一寸の虫にも五分の魂」という諺《ことわざ》がある。これほど私こと「ぼんくら」にピッタリな言葉はない。

私は、つい最近ある中小企業を定年退職した、どこにでもいる毒にも薬にもならない冴えない男である。

常にその他大勢の中に埋れ、他の者と比べても容姿が優れているわけでもなく、頭が良いわけでもなく、運動が出来るわけでもなく、芸術的な才能があるわけでもなく、物事に打ち込む情熱があるわけでもなく……つまり、何の取り柄もない一寸の虫にも似た私が、定年退職という人生の節目を迎えてある疑問を持ったのである。

自分の人生とは一体何だったのか？　何のためにこの世に生まれてきたのか？　このまま自分は一寸の虫として老いさらばえ、それこそ虫ケラのように死んでゆくのであろうか？という疑問が胸の奥から沸々と湧き上がってきたのである。一寸の虫にも五分の魂はある。何の取り柄もなく、今までぼんくらと他人様から陰口をたたかれてきた私でも、この世に生まれ、ぼんくらなりに思い悩んだ証《あかし》、言い換えるならば「生きた証《あかし》」を残したいという、どうしようもない強い衝動を押えることが出来なかったのである。言わば、この「ぼんくら仏教論」という書は、私の魂の叫び声である。一寸の虫ケラがこの世に生を受けたことを証明する五分の魂の叫び声なのである。

要は、この書に記したような考え方をもった「ぼんくら」という一人の人間が、ある時期、ある場所にひっそりと生きていたことを証明できさえすれば、それで十分満足なのである。

さて、ここで何故「仏教論」なのか?ということについても若干の説明を加えておかなければなるまい。

詳細については後章において記すつもりであるが、私は死という現象について、幼い頃から異常な恐怖心を持ち続けてきた。

死についての一般的な解釈は「自己という存在が消滅し永遠に無に帰すること」とされていると思うのであるが、死によって「私」という存在が消滅してしまい、再び存在することが決してないという事を考える度に、その逃がれることのできない絶望感に発狂しそうになったことをよく覚えている。

その後、私は死の絶望感に常に悩まされ続け、仏教やキリスト教その他新興宗教を問わず、死後の世界の存在を説いた書物を探し読んでみた。しかし、どの説も人間が希望的観測により意図的に創りあげた物語の範囲を超える事は無かったように思えたのである。

そのような絶望感の中、偶然か必然かは知らぬが、ある時、以前より何となく興味を持っていたニーチェの思想について記述されたある本に出会ったのである。

その本の中で展開される「永却回帰」という思想は、私が既成概念として一寸の疑う余地のなかった「時間」あるいは「永遠性」とう観念を根底から覆すほどの衝撃的な内容であった。

(別章にて詳述)

そして、それから三十年余りの時が流れ、五十代の後半に差しかかった頃、大乗仏教の代表的な教えの一つである「唯識《ゆいしき》」という思想に出会ったのである。この思想についても別章にて詳述するが、今までの人生観をひっくり返してしまう程のとんでもない思想だったのである。

この二つの思想に出会ったことにより、私が今まで持ち続けていた死生観というものが大きな変貌を遂げていったことは間違いない。そして更に、唯識という思想に交わってゆくうちに、誠に身の程知らずな事ではあるが、仏教という尊い教えについて、自分ながらの解釈を試みてみたいという妄想に取り憑かれたのである。ここで改めて言うまでもないが、仏教の研究、教義の解釈等については古くから数多くの碩学たちによって築き上げられてきた学問分野であり、今更、このぼんくら如きが割り込む隙など微塵もないことは百も承知している。

故に、この書は、学問書や哲学書という類《たぐい》のものでは決してない。前述したとおり、私はこの書を魂の叫びの記録として、いわゆる自分史として記したつもりである。

もし、この本を手に取り読んでみようと思われる奇特な方が居られるとしたら、虫のような存在であり、その他大勢の中に埋もれて人生を過ごしてきた「ぼんくら」という男の脳裏に、仏教という偉大な思想がどのように映ったかという事を探ってみられることも案外面白いのではないかと思うのである。

目次

序文……3
第一章　仏教の歴史……12
一　仏教史の概略　12
二　インド仏教史　14
(一) 初期仏教について　14
(二) 中期仏教について　16
(a) 部派仏教について　16
(b) 大乗仏教について　17
(三) 後期仏教について　19
第二章　仏法僧の崇拝について……20
第三章　仏教進化論……23
第四章　西遊記に見る仏教観……26
第五章　仏像の役割とは……33
第六章　「痛み」について……38

第七章　自我意識と死について（告白）……43
第八章　時間の非存在と連続について……57
第九章　無と死の関連性について……64
第十章　輪廻転生の独自解釈について……69
第十一章　異熟《いじゅく》と共業《ぐうごう》……73
第十二章　涙と微笑……85
第十三章　自性と非自性について……89
第十四章　もう一つの真実（有限）……91
第十五章　真の幸せとは……98
第十六章　無常と連続について……104
第十七章　ティク・ナット・ハン師の言葉……108
第十八章　色即是空（二元相依の世界へ）……111
第十九章　愚鈍な弟子の説話……126
第二十章　常不軽菩薩について（雨ニモマケズ）……130
第二十一章　唯識について（最終章への道程）……136
一　唯識の沿革……137
二　唯識の思想……138

三　所感　146
第二十二章　絶対主観について（天上天下唯我独尊）……148
一　主観の態様　148
二　絶対主観とは　150
（一）似て非なるもの「独我論」　154
（二）現象の存在形式　155
（三）絶対主観の要件　156
三　天上天下唯我独尊の真意　158
四　絶対主観と死の関連性　161
五　永遠なる絶対主観　164
跋　文……167
参考図書……174

装幀　２ＤＡＹ
装画　浅田としこ

ぼんくら仏教論

第一章　仏教の歴史

まず、仏教というものを理解するうえで、その歴史を記しておく必要がある。しかし、私はこの書において仏教史を述べることは目的としていない。あくまでエッセイとして私自身が直感した仏教の解釈を試みることを主目的としているため、この章においては必要最小限度の歴史的背景を参考程度に紹介するに止めておきたい。

一　仏教史の概略

仏教は周知のとおり、釈尊の誕生後約二千五百年の時を経て、現在、日本をはじめとして、東南アジア諸国（タイ・ベトナム・カンボジア・ラオス・スリランカ等）、中国、韓国等、約五億人の信者を持つ世界三大宗教の一つである。言うまでもなく、その発祥の地はインドであり、ベースにはバラモン教、ヒンドゥー教というインド独自の土俗的な宗教が存在し、その繋がりは濃く、仏教に与える影響は大きい。

まずは、その歴史を簡単にひもといてみると、インダス文明が終息に向う頃、紀元前十三世紀末にインド北西部からアーリア人が南下し定着し、前七世紀頃にはガンジス河中流域のインド大平原に進出してくる。

その頃、彼らは「ウパニシャッド」（秘密の教義、奥義書）を創作したと考えられている訳であるが、この「ウパニシャッド」には、宇宙の根本原理としてのブラフマン（梵）、個人の主体であり、内在的原理であるアートマン（我）が立てられ、やがて両者の同一視が進められ、「梵我一如《ぼんがいちにょ》」という壮大な思想が築き上げられたのである。

この思想・原理が後代のインド哲学の主流になり、バラモン教、ヒンドゥー教の宗教を支える大きな柱ともなり、仏教の思想の根底には、間接的ではあるが、この思想が浸透しているのではないかと考えられている。

さて、仏教の始祖である釈尊の生いたちや教えについては後述することとして、その死から百年後には釈尊の教えの解釈の違い等の理由により、伝統保守の「上座部」、進歩的な「大衆部」の二大派閥に分かれ、その後、細分裂が二百年あまり続き、約二十の部派に分かれることとなる。

これらのうち「上座部」の一派が前三世紀にスリランカに伝わり、いわゆる南伝仏教（小乗仏教）が形成され、後に東南アジア諸国に伝わり、今日に及んでいる。

インドでは「部派仏教」が栄える中で、紀元前後以降に「大乗仏教」が登場し、以後は「部派仏教」と「大乗仏教」の並列が続いてゆく。仏教がインドから発生し、各国に拡がってゆくには大別して二つのルートが存在するが、その一つは先に記した南伝仏教（小乗仏教）であり、他の一つは北インド～西域を経て中国、朝鮮、日本に到達した北伝仏教（大乗仏教）である。

北伝仏教は大乗仏教を中心とし、紀元後まもなく中国に到達し、四世紀に朝鮮半島に、六世紀には日本に伝えられている。以上、仏教史の概略を誠に大まかに記してみたが、勿論これだけでは、とても仏教の歴史を説明したとは言えないため、次にインドにおける仏教史を初期仏教、中期仏教、後期仏教に分けて記してみることにする。

二　インド仏教史

（一）初期仏教について

初期仏教は、仏教が成立してから、興隆が進んだ約一五〇年間乃至約二〇〇年間の期間を通常さして言われている。

仏教の成立とは、言うまでもなく釈尊の誕生（一般的には前四六三年頃とされている）から始まる。

釈尊は、釈迦族（現在のネパール領）の王族の一人浄飯王の長子として生まれ、誕生直後に母と死別し、亡母の妹が王妃となり、この義母によって育てられる。釈尊は十六歳で結婚し、一子（男）を得、二十九歳のとき一切を放棄し出家する。その後、ガンジス河の河畔に二人の仙人を訪ね、道を求め、断食を含む苦行を六年間励む。しかし、釈尊は身心を責めてみたところで何も得ることのない事を知り、苦行を捨て、ブッダガヤのアシュバァック樹（菩提樹）のもとで冥想の日々を送り、ついに悟り（成道）を開き、ブッダ（覚者）となる。

悟りを得た釈尊は、かつて苦行を共にした五人の住むベナレスのサールナート（鹿野苑）において最初の説法（初転法輪）を行い、五人は最初の仏弟子となり、ここに正式な意味での仏教が誕生するのである。

以後、釈尊は入滅するまでの四十五年間、応病与薬、対機説法という誰にでもわかり易い方法を用いて布教を行い、クシナーラの郊外で八十歳の時、入滅する。

入滅後は、その御体は荼毘《だび》に付され、信者により八分された仏舎利は、各地の仏塔（ストゥーパ）に手厚く葬られた。

その仏舎利は、カルカッタの博物館に現存し、その真偽性についても考古学的に実証されている。また、その一部は、名古屋市の日泰寺に贈られ祀られており、タイ王朝にも存在するとのことである。

さて、仏滅後においては、釈尊の教えを確認するため、弟子たちが集い合う「結集」が開催された。釈尊の最初期の教えについては経（スートラ）にまとめられ、仏教思想を伝える資料の中核となっている。

経は、釈尊の教えの核であり、弟子たちの口伝口誦《くでんくじゅ》により、各世代に伝来し、それらは伝来をあらわすアーガマ（中国では阿含と音写）と呼ばれた。アーガマ文献（阿含教）は釈尊ならびに初期仏教の教えを物語る唯一の教典であるが、現在のそれらは原型そのままではなく、かなりの変容を遂げているものとみられている。

（二）中期仏教について

（a）部派仏教について

釈尊の入滅後、多数の仏弟子が王舎城（ラージャグリハ）に集まり、マハーカッサバ（摩訶迦葉）を中心に、釈尊生存の教えと戒しめを確認しあう会議が開かれた。（第一結集）

そして、仏滅百年後を過ぎる頃、教団の各成員を規制する律の条項の解釈をめぐって対立がおこり、ついに分裂する。

その内容は、金銭の布施を受けることの緩和の是非を問うものであり、結局、その行為は非法であると決議され、保守派の主張の前に、進歩派は敗退したのである。

この議論に敗退した進歩派は改めて集会を開催し、独立を宣言し大衆部を結成する。

その後、大衆部、上座部（保守派）にも分裂が起こり、大衆部は九部、上座部系は十一部、計二十部の諸部派が紀元前百年頃までに成立したとされている。部派仏教の成立までの流れについては、簡単にまとめると以上のようなものであるが、参考までに部派において創作された文献類のことについても一言触れておきたい。

その文献類の大半をアビダルマ（法の研究書）といい、教典の解釈、注釈書的なものであると考えられている。

それらの文献類はアビダルマ蔵（ピタカ）と呼ばれ論蔵と訳し、初期仏教から伝えられる経蔵（スートラ、経のこと）及び律蔵（戒律のこと）とを合わせて三蔵と呼ばれている。三蔵は、仏教聖典をあらわし、中国では三蔵を一切経や大蔵教とも呼ばれている。

(b) 大乗仏教について

大乗仏教の発生時期については、紀元前後とされており、非常に漠然としている。

大乗仏教の最も大きな特徴としては、歴史上存在した釈尊という生身の仏陀（色身）の他、如来（阿弥陀如来、大日如来等）、菩薩（観世音菩薩、地蔵菩薩等）等の数多くの仏（応身）が登場することと、自己の悟りに至る修業を第一義と考える既存仏教（小乗仏教）から、他者のために自己を滅してでも奉仕するという、利他業を第一義とすることが掲げられると考えられている。

大乗仏教は、釈尊が直接に説いた教えから遠く隔たっていることから、大乗非仏説（大乗仏教は仏教ではないとする説）があるが、一般的には大乗諸仏が釈尊の教えを何らかの形で継承し、発展させている以上、大乗仏教は仏教であると考えられている。

私（ぼんくら）も、この問題には興味があるところであり、第三章において少々自論を披瀝しているので、一読いただきたい。

先に大乗仏教の大きな特徴として、多数の応身仏（創造上の仏）の登場と、利他業の重視化を掲げさせてもらったが、本章を記すにあたり引用・参考にさせていただいた仏教学者・三枝充悳氏の著書『仏教入門』（岩波新書）において、大乗仏教の理念を列挙しておられるので、一部抜粋して記しておく。

〈大乗仏教の理念〉

一　新しい諸仏と諸菩薩
二　空の思想、それに関連する六波羅蜜とくに般若波羅蜜
三　救済と慈悲、広く言えば利他
四　一種の現世志向と同時に彼岸への希求
五　信の強調
六　三昧の浄化
七　壮大な宇宙観
八　自己の心の追究
九　方便すなわち手段の重視
十　ある種の神秘化、それには古来の伝統や当時の諸状況また土着文化の影響化

（三）後期仏教について

前述の中期仏教の段では、釈尊の唱えた原始仏教から、部派仏教への分裂、大乗仏教の自然発生的な擡頭《たいとう》という二大潮流が特徴ある出来事ではないかと考えられるが、後期仏教では、唯識、如来蔵等の仏教思想・哲学の探求、密教の登場が大きな特徴としてあげられるであろう。

後期仏教の年代的範囲は、定説ではグプタ王朝創始期頃（紀元三二〇年）から、一二〇三年ヴィクラマシーラ大寺がイスラム教徒により破壊されるまでとされており、その破壊により、インドの仏教は絶えたとされている。後期仏教については、誠に簡単に記したが、個人的には、私の魂の救いとも言える唯識思想が、この仏教後期において、強烈な光芒を放ち現われたことが、非常に意義深いものであると感じている。

これで形だけではあっても、一応の仏教の歴史を記し終えたわけである。

さて、次章からいよいよ本論に移行することになるが、本論については、私こと「ぼんくら」の仏教に対する考え方を、各章ごとにテーマを定め、時代や、その重要性、必要性など全く関係なく、頭に浮かぶまま、ランダムに記してみた。

ここであらかじめお断りしておくが、この書は一応「仏教論」と大層なカンムリをつけた題名となっているが、あくまでも、ぼんくらが書いた仏教論であり、その内容に学問的、科学的裏付けがあるかと問われれば、それを示すのは困難である。

ここに重ねて申し上げるが、もし、この書を手にとって読んでいただける方がおられるとしたら、ぼんくら個人の妄想の産物として受けとめてもらえれば、それで良いと、私は思っている。

第二章　仏法僧の崇拝について

仏教では「仏法僧の三宝に帰依する」という根本的な考えがある。この教えは、「仏」とは仏そのものを、「法」とは仏の教えをさし、「僧」とは僧の集団（サンガ）を意味するものであり、それら三宝を仏教の信者たる者は、敬い崇拝しなければならないというものである。

仏教の黎明期においては、お釈迦さまの偉大な教えが人々の心を震せ、「仏」「法」は当然のことながら「僧」についても、三宝の一つとして崇拝の対象となっていたことは容易に想像される。

当時の僧は、お釈迦さまの教えや戒律を忠実に守り、サンガという僧団を形成し、その教えを全く無垢な気持ちで伝道して歩いたものと考えられる。

在家の信者たちにとっては、当然、サンガを形成する僧は、仏の教えを説くお釈迦さまの代弁者であり、仏道に全てを捧げた清廉な心は十分に宝として崇敬するに値するものであった。しかしながら、今現在、この私は、仏教の三宝のうち「僧」に対し、「南無帰依僧」（僧に帰依いたします）と唱えることに対し、どうしても違和感を持ってしまうのである。「僧」は、先にも記したように、本来の意味は僧団（サンガ）という意味であるが、文字の意からして、一般的には大多数の者が僧侶個人を表わすものと解釈しているのではないかと思えるのである。「僧」が集団であれ個人であれ、果たして現代社会において「南無帰依僧」と唱え、礼拝するほど、崇敬に値するものなのであろうか。表面上は如何にも悟り澄ました表情で仏法を説きながら、裏では金銭欲、権力欲、色欲等にまみれた生臭坊主が何と多いことか。

名刹の高僧から一般末寺の僧侶まで欲にからまるスキャンダラスな話は枚挙に暇《いとま》がない。何度も言うが、仏教徒は、このような腐敗しきった「僧」という集団や個人を今でも三宝の一つとして本当に礼拝しなければならないのであろうか。勿論、僧侶の中には生涯不犯の誓願を立てられ、清貧の中でひたすら仏道に精進されておられる素晴らしい方がおられるという事も知っている。しかし、どうしても「南無帰依僧」と唱える事に抵抗を感じてしまうのである。

お釈迦さまのおられた時代は「僧」も立派に三宝の一つに成り得たと思う。

しかし、今の時代「僧」を三宝の一つとして帰依するのであれば、「僧」の持つ意味について、もう一度、再考してみる必要があるのではないかと思うのである。

私は「僧」とは、まず「求道する人」と解釈したい。つまり、形式は全く関係ない。頭を丸めた人とか、寺の住職とか、そのような形式的なことは無視すれば良いのである。

「僧」とは、全ての世俗の欲を捨て、仏道に全人格を捧げ、お釈迦さまの教えを実践する無私の人、このような人こそが「南無帰依僧」と崇拝される価値のある「僧」ではないかと思うのである。

更に解釈を拡げて考えるならば、「僧」とは、人間の良心、慈悲心と解釈しても良いのではないかと思うのである。

人間の良心、慈悲心というものは、当然、仏教を信仰している人にのみあるものではない。この世に生を受けた全ての人の心の中に宿る宝なのである。

ここまで枠を拡げて考えるならば、その人が仏教を信じようと、キリスト教を信じようと、あるいはイスラム教、ヒンドゥー教を信じようと全く関係ない。

全ての人の中に必ず存在する良心、慈悲心こそが今の時代において「僧」と言えるのではないか？　どうも、拡大解釈をし過ぎた気がしないでもないが、「僧」がこのような意味を持っているのであれば、何の違和感も無しに、素直に手を合わせ「南無帰依僧」と唱えることが出来るのである。

第三章　仏教進化論

江戸中期に富永仲基という学者がいた。

この人は商人階級の人であり、江戸中期という時代は、彼の他に、山片蟠桃、安藤昌益等、革新的な思想を持った人が多く輩出されている。この時代においては、仏道における経の教えというものは、全てお釈迦さまの教えに他ならぬと僧侶は民衆に説いており、民衆も寸分の疑いの余地も無く信じていたのであるが、この富永仲基という人は、彼の著書『出定後語』において、経にある教えは全て大乗仏教の教えであり、後代の人間が創作したもので、釈迦の教えでは無いと言い切ったのである。（この説を大乗非仏論という）極論するならば、日本の仏教の根幹を為す大乗仏教は仏教では無いということになる。この時代にあって、富永仲基が提唱した大乗非仏論は、一般民衆信徒にとっては、ガリレオの地動説に匹敵する程の驚天動地の説であり、狂人の戯言としか受け取られなかったことであろう。

今でこそ、仏教教典の調査・研究の進歩により、大乗仏教の教え（法華経、般若心経等）は、お釈迦さまの教えではなく、後代の人間が創作したものであると、仏教に少しでも関心がある者であれば皆共通の認識をもっているが、この時代にあっては、正に仲基の説は達見であると言わざるを得ない。

しかしながら、よくよく考えてみると、大乗仏教がお釈迦さまの教えでは無いという説には、素直に賛同できないのである。

人間、動物の生命や種々の考え方、説にしても、長い時間を経るならば、進化していく事は当然のことである。

ダーウィンの進化論を思い出してもらえば最もわかり易いのではないか。

人間は長い長い時間をかけて、猿から人に進化していった。例えば、ここに大木があるとしよう。大木には大きな幹というものがあり、成長するに連れて、幹が分かれ、更に枝葉に分かれ、天へ天へと伸びていくものである。お釈迦さまが実在されたときの一つ一つの教えが大木の幹とすれば、そこから大乗・小乗と幹が分かれ、更に大乗・小乗においても諸々の部派・宗派に分かれ現在に至っているのである。

確かに大乗仏教は富永仲基が論ずるように、その教えは、お釈迦さまの直接の教えではない。しかしながら、大乗の教えは、無名の実在した菩薩（求道者）たちが、お釈迦さまの根本の教えを、あるいは拡大し、あるいは純化し、発展進化させてきたものである。

その無数の菩薩たちの、一つ一つの石を積み上げていくような、気の遠くなるような努力の結果として出来あがったものが、大乗仏教ではないかと思うのである。

このような過程を考えてみるならば、大乗仏教は決して仏教には非ず！と否定され得るべきものでは無い。

これは、ぼんくらなる私の一偏見に過ぎないかも知れないが、大乗仏教は、仏教の進化するうえにおいて、必然的に現れ成長した大木の主幹を担う思想であると確信している。その主幹より、禅宗、浄土真宗、華厳、真言密教等の数多くの宗派が枝分かれして、現在の仏教界というものが構成されているのである。但し、全ての事象がそうであるように、進化があれば退化もあり、成長もあれば、病にかかることもある。

仏教も決して例外ではあり得ないのである。日本仏教界の現実は、葬式を職業化し、寺を血縁相続する僧侶が大多数を占め、古刹・名刹の高僧でさえ、権力、金銭、色欲等にまつわるスキャンダルが後を断たない始末である。更に、仏教、キリスト教等の既存宗教の教理を曲解し、大量殺戮や現世利益の実現を最高の価値とし、信者や罪もない人々を破滅に追い込む、オウム真理教等の新興宗教など、宗教自体を蝕む病も深刻な状況にある。

むしろ、現在の日本仏教は、形骸化、空洞化が進み、進化どころか退化していると認めざるを得ないのである。

私は、この章で富永仲基の大乗非仏論に対して批判がましい事を述べたが、実は彼のような人の考え方こそが仏教の進化、成長を促す真の良薬ではないかと思う事がある。

大乗の教えは、お釈迦さまの直接の教えではないという真実を、どのような誹謗中傷も恐れることなく、迷信が色濃く支配し、経典イコールお釈迦さまの言葉と盲信されていた江戸中期において、合理的な観点から堂々と大乗非仏論を言い放った富永仲基に対しては、誠に頭が下がる思いであり、崇敬の念を禁じ得ない。

彼のような人物が、仏教の停滞期あるいは退化期にあらわれて、たとえ口に苦い薬になろうとも、真実を吐露することによって、我々も仏教というものを、真摯な気持ちで見直すことが出来、その教えを未来へと繋げていく事が可能になると思うのである。

お釈迦さまも、自ら語られた教えで無くとも、その教えから芽が出、大木となり、やがて大乗の教えという豊かな枝葉がしげることを自然の必然的な理《ことわり》として、案外予測をされておられたのではないかと思うのである。

第四章　西遊記に見る仏教観

西遊記とは、誰もが幼い頃に一度は読み聞いたことのある孫悟空が主人公となり大活躍する、あまりにも有名な物語である。

参考までに、この物語の成立から粗筋までを簡単に紹介すると、中国十六世紀の明の時代に創作された伝奇小説で、その作者は呉承恩という人物であることが定説になっている。また、そのストーリーは、唐代の僧である三蔵法師が、孫悟空、猪八戒、沙悟浄を供に従え、幾多の苦難を乗り越え天竺に仏教の経典を取りに行くといった、おなじみの物語である。ただ、西遊記の原作は、大筋は前述の粗筋で間違ってはいないと思われるのであるが、かなりストーリーが混沌としており、私たちがＴＶや本で馴れ親しんだ西遊記は現代人向け、子供向けにかなり脚色されており、物語自体も誰もが理解し易いものとなっている。この「ぼんくら仏教論」において、あえて「西遊記」という物語をとりあげたのは、仏教の教えの本質というものを、これ程見事に、そして象徴的に表現した物語は、他に類を見ないのではないかという大きな衝撃を受けたからに他ならない。

それでは、どの部分に衝撃を受けたかという事について説明させていただこう。

もともと、この物語自体が三蔵法師（玄奘）という歴史上の人物が、仏教を唐に広めるため、あらゆる艱難辛苦を乗り越え天竺まで教典を取りに行くというストーリーであるため、仏教色が濃い物語であるということは、当たり前と言えば当たり前のことであるのだが、私はこの物語の登場人物のキャラクターに人間の欲というものが類型化されて表現されていると感じたのである。

まず、西遊記の主人公とも言える孫悟空であるが、この人物（猿？）は、三蔵法師を守るため、如意棒やキントン雲というスーパーアイテムを駆使して、次々に襲いかかる妖怪をバッタバッタとなぎ倒し、天下無敵の大活躍をするスーパーヒーローという存在である。しかしながら、無類の乱暴者であるため、三蔵法師から頭のワッカを締めつけられる罰を受ける場面がよく登場してくる。

また、そのあまりの強さのために無謀にも、お釈迦さまに勝負を挑みコテンパンにされ、負けてしまう場面もある。(この場面の詳細は、後段で改めて記す)

こうしてみると、孫悟空なる人物(猿?)は、人間の持つ抑止し難い怒りの心、闘争心、傲慢な心を持つキャラクターとして描かれている事が良くわかってくるのである。

次に猪八戒なる人物(豚?)を見てみよう。ご存知のとおり彼は豚の妖怪であり、物語においても女色を漁り、食欲物欲においては飽きることを知らず、更に怠け者であるというように、まさに欲望の権化のような、どうしようもない存在として描かれている。

そして三番目には沙悟浄という人物(カッパ?)が登場してくる。

彼は一般的には、三人の中では最も影の薄い存在として受け取られがちであるが、ところがドッコイ、よくよく考えてみると地味ながら、なかなか味のあるキャラクターなのである。

原作において、彼はもともと天界の役人であったときに何らかの失敗を犯し、その罰によって妖怪に身を落としたように語られているが、現代の子供向けに脚色されたストーリーにおいても、毒にも薬にもならない憶病なキャラクターとして描かれている。

この毒にも薬にもならない沙悟浄のようなキャラクターを何故味のある存在として紹介するかというと、このぼんくら自身が似たようなタイプであり、非常に親近感を持ってしまったからなのである。

この沙悟浄なる人物（カッパ？）は、現在の人間のタイプに例えて言えば、表面上は善人を装いながら、常に他人の動向を伺いつつ目先の損得勘定で行動する小心かつ小市民的な人間なのである。

このようなタイプの人間は、このぼんくらだけではなく、この現代社会においては大多数の人間がこのタイプに当てはまるのではないかと思う。また沙悟浄型のタイプの人間は孫悟空や猪八戒などのようにキャラクターの性格がハッキリとしていないため、ある意味においては、内面的に最も迷いの多い複雑な性格のキャラクターであるのかも知れない。以上、西遊記に登場する三人のキャラクターについて私なりに分析（？）を加えてみたのであるが、ここでもう一人忘れてはならない登場人物、三蔵法師のキャラクターについても触れておかねばなるまい。

文頭にも記したように、彼は仏典を求めるため、先に紹介した三人の妖怪を供に従え、天竺までの気の遠くなるような道のりを旅して行くのであるが、彼はこの妖怪たちに対して、ある時は厳しく叱り、ある時は優しく諭し慈しんで、徐々に仏心を芽ばえさせ、教化させてゆくような役割を担っているように感ずるのである。

また、歴史上の三蔵法師（玄奘三蔵）も唐の時代にあって、あらゆる困難、障壁を克服し、天竺に到達し、そして膨大な仏典を納め、その翻訳に身を捧げた鉄壁の意志を持った人であった。

こうしてみると、三蔵法師という人物は、歴史においても、物語においても理想的な人物であり、特に物語においては、人間の中に存在する良心（仏心）、意志の力というものを象徴的に描かれたキャラクターであると言えよう。

ここで紹介した四人の登場人物の持つ個性は、どのような人間においても量の多寡は別として必ず存在するものであると、このぼんくらは確信している。

西遊記という中国の四大奇書にも掲げられるこの名作が奇想天外な冒険談として読まれるのも大いに結構な事であるが、四人の登場人物に象徴される仏心や欲心、煩悩など仏教的な色彩が隠し味のように描かれているといった見方をしても、あながち間違ってはいないと思うのであるが、どうであろうか？

登場人物のキャラクター論はこれくらいにして、次にもう一つ印象に残った点について記しておきたいと思う。

それは孫悟空がお釈迦さまに勝負を挑み、コテンパンに負かされるという、あの有名な場面についてである。内容は今さら書くまでもないが、孫悟空がお釈迦さまの手のひらからキントン雲に乗って抜け出せるかどうかというものである。

勿論、孫悟空にとっては「鬼に金棒」ではないが、キントン雲と如意棒さえあれば無敵である。絶対の自信を持っているのであるから、お釈迦さまの手のひらから抜け出すことなどは、それこそ朝飯前とばかりにキントン雲に乗って自由自在に飛びまわるのである。

大部飛びまわったところで、孫悟空は目の前に五本の大きな柱がそびえ立っているのを確認する。孫悟空は、その五本の柱が地の果てであると思い込み、又、地の果てまで飛んで来たのであるから当然お釈迦さまの手のひらから抜け出したものであると思い、キントン雲から降りて、お釈迦さまにこの勝負は自分が勝ったと自信満々に告げるのである。

しかし、実際は、地の果てにある五本の柱と思い込んでいたものは、お釈迦さまの五本の指であり、結局はお釈迦さまの手のひらから抜け出すことが出来なかったという話である。一体この話は何を意味しているのであろうか？　私には、どうしてもこの驕り高ぶった孫悟空の姿が、現代の科学万能主義や情報至上主義という落とし穴に陥ってしまいそうな危うい人間に見えて仕方ないのである。

現代社会においては、地球温暖化をはじめとする自然環境破壊、国家間の果てしない核開発競争、人間性の喪失を助長しているとしか思えないインターネット、ＳＮＳ等による情報の氾濫社会等、人間の英知（猿知恵？）が生み出した危機的状況の蔓延は枚挙に暇《いとま》がない。私たちは、人類の英知を信奉し、科学の発展、合理性、効率化を追求してゆくのは結構な事であるが、その裏には必ず何らかの犠牲、言い換えるならば負の要素が隠れていることを認識しておかなければならない。

そして、その負の要素がある分界点を超えると、得体の知れない化物のようにヌーッと出て来て、もはや取り返しのつかない事になる。この原則には決して例外はないのである。少し安物の文明論くさくなってきたが、結局のところ、お釈迦さまに孫悟空が勝負を挑む話は「畏れ」というものを知らない人間の傲慢さ、愚さを象徴しており、更に人間は悠久の宇宙（お釈迦さまの手のひら）にあっては、小さな小さな一粒の存在にしか過ぎないということについて戒めているのである。

そして、これは穿った見方かも知れないが、この西遊記という物語は、一人の人間の人生において、仏の教えに目覚めて行く過程を表わしたものではないかとも思うのである。

人は誰もが、孫悟空、猪八戒、沙悟浄に代表されるような驕りの心や様々な欲心を持ち、又、三蔵法師のキャラクターに代表されるような仏心というか良心をも併せ持って、この世に生まれてくる。

そして、西遊記では天竺までの旅であるように、人は誰もが人生という長い旅に出なければならない。

一人一人が生まれ出て、人生という道のりを歩むうえにおいて、様々な苦難や試練がキバをむいて襲いかかって来ることであろう。

そのような場面に遭遇した者は、己の中に存在する三蔵法師（良心）や孫悟空、猪八戒、沙悟浄（欲心、傲慢心等）と常に葛藤しながら、苦難や試練という妖怪に立ち向かって行くのである。

人生には、自己自身との戦いがある。外部から迫ってくる苦難や試練もある。

これらの戦いに勝つか負けるかは人それぞれであるが、この物語は、己の良心（仏心）が欲心を抑制することが出来るならば、あらゆる苦難や試練に打ち勝つ事ができ、やがては仏の世界（西遊記においては天竺）に辿りつくことができると暗示しているのではないかと思うのである。

先にも記したように、西遊記を人間の人生の道程に比喩するのは、少し飛躍しすぎたのではないかと思うことも無いではないが、あくまでも、ぼんくらの勝手な解釈であると思っていただければ、それで良いのである。

第五章　仏像の役割とは

私たちが仏さまのお姿を思い浮かべる場合、大多数の人が、お寺やお堂に安置されている仏像を思い浮かべるといって良いだろう。しかし、この事について少し考えてみると、仏さまが、本当に仏像のようなお姿をしておられるのかという事について、なかなかハイ！　ソウデスカと言うふうには信じられないことも事実である。

仏像で表現されている仏さまのお姿にもいろいろある。私たちの馴染みの深いところでは、美しい女性を想わせる流麗なお姿をされた観音菩薩像、僧のお姿をされた地蔵菩薩像、忿怒の形相をされた不動明王像などがある。そして、私たちは、それらの仏像を仏さまと見て、手を合わせたり、願い事をしたりするのである。

以前、ある本で奈良の有名な高僧が、次のような意味の事を語られた事を目にしたことがある。

「私の寺には、国宝級の仏像が数多くあるが、これらの仏像は仏さまでも何でもない！　有り難いと思った事もない。美術的価値があるから観光客用に置いとるだけや！」

ザッと、このような発言内容である。この高僧は歯に衣を着せぬ物の言い方で、少々過激な事も言われた方であったようであるが、一生不犯を通され、鉄壁の意志力、その見識、学識の高さなどは到底、このぼんくらごときが太刀打ち出来る相手ではない。

当然、仏像はあくまで人が作った像であり仏さままではない。キリスト教やイスラム教においても偶像崇拝は禁止されている。

仏教では、今でこそ信者は仏像を拝んでいるが、おそらく仏像を拝むようになったのは、お釈迦さまが亡くなられて以後のことであろう。特に大乗仏教発生以後（ＢＣ二・三世紀以降）において、法身仏である如来・菩薩・明王等のお姿を、当時のインドの各階層の人々に摸して、究極の理想の姿として創り上げたのが仏像ではないかと想像されるのである。（定説）

それでは、仏像は本当に奈良の高僧が言われたように単なる物にすぎないのであろうか？

確かに私自身も、投資目的の純金製のキンキラキンの仏像や、どこかの成金社長が観光目的で作った大仏を見ても、決して拝む気持ちが起こらず、単なる金や石の彫刻に見えてしまうのである。

そのような意味においては奈良の高僧の言葉も大いにうなずけるのである。

また、当老師は、仏さまと仏像は異なるものであるということを、少々過激ではあるが誰にでもわかるように独得の言いまわしで、語られただけなのであろう。

しかし、このぼんくらにしてみれば、何故か、そのお姿を拝見し、自然と手を合わせずにはいられない仏像が存在することも確かな事なのである。

例えば、田舎道の路傍に佇む石の地蔵はどうであろう？　例えば、名も知れぬ山寺のお堂におわす阿弥陀さまはどうであろう？

はたまた、京都や奈良の古刹・名刹であってもかまわない、その寺院のご本尊・脇立《わきだち》として悠久の古《いにしえ》より祀られる諸仏はどうであろうか？

私は、これらの仏像を見ると、何故か手を合わせ、祈らずにはおられないのである。

その理由とは、一体何なのであろうか？　その理由とは、仏像に込められた無数の人々の祈りに他ならないと思うのである。

その祈りが染みついた仏像が、仏さまそのものに見えて、自ずと手を合わせてしまうのである。

そして、もう一つ仏像に対して手を合わす大切な理由がある。

この理由こそが、仏像の真の役割ではないかと、このぼんくらは思うのである。

それは、一言でいうと、仏像は仏さまと人をつなぐ媒体物とでも言うことになろうか……。


誠に唐突ではあるが、私は、仏さまとは、宇宙の意志ではないかと思っている。

仏教を信仰する人々の中においても、「仏さまとは何か？」という質問を投げかけられたら、その回答は幾つかの数にパターン化されることが想像される。私が考える「仏さまイコール宇宙の意志」というイメージも、仏さまを定義した一つの定説であると思われるので、少々強引ではあるが、本文を進めてゆくうえにおいて、仏さまは宇宙の意志ということにしておこう。

さあ、そこで仮に仏さまが宇宙の意志であるとしたら、私たちは仏さまに対して畏敬の念を表わす場合、どのような方法を取るのであろうか？

考えてみるに、宇宙の意志とは、あらゆる現象そのものとも言える。

あまりにも、その対象が漠然としているため、どのようにしたら良いか戸惑ってしまうのではないだろうか。

ここで、古代の我々の祖先の姿を思い浮かべてみると（あくまでも想像の範囲を超えないが）、おそらく人間は、太陽や月や山など、特定の自然の対象物を神と崇め、畏れの気持ちを持って祈りを捧げていたのであろう。

また、その後、時代が進み歴史の黎明期においても、天照大神、大国主命、須佐之男命等、八百万《やおよろず》の人格神が社《やしろ》の祭壇に祀られる鏡、剣、玉といったものに魂を宿らせるという形で祈りの対象となっている。先に掲げた二つの例からしてわかるように、人間の宗教に対する心理というものは、原初より、この現象界に実在する物や人（人格）等、特定の対象を定め、その対象に向って祈りを捧げてきたのである。

この傾向については仏教においても何ら変わりはない。特に大乗仏教においては、大日如来、薬師如来、観世音菩薩、不動明王等、数多くの応人仏（人格仏）が創り出され、今も人々の信仰の対象となっている。

祈りを捧げるという人間の宗教的行為について考えてみるに、どうしても祈りの対象物というものが必要となってくるのではないかと思うのである。

その対象物とは、より具体的なもの、しかも祈りを捧げる人間自身により近いものという方が、願い事や感謝をするうえにおいても、その祈りが通じ易いのではないかという、人間の自然の感情に沿っているのではないかと思えるのである。

このような観点から仏像という物の存在意義を考えてみると、仏像は単なる物ではなく、仏さま（宇宙の意志）の象徴的存在として意義あるものであり、また、祈りが仏像という媒体を通して仏さまに届けられ、仏像という媒体を通して仏さまの慈悲が我々に伝えられてくると考えられるのではなかろうか。

キリスト教やイスラム教は勿論のこと、仏教においても偶像崇拝を認めない考え方はある。しかし、仏像の真の役割、存在意義とは、仏さまへ祈りを捧げる者にとっての媒体……否、仏さまへの祈りの手助けをする存在と考えるならば、仏像は決して偶像などではなく、仏教を信仰する人々にとってかけがいのない存在ではないかと、このぼんくらは思うのである。

第六章　「痛み」について

人間の五感五識のうち、最も「我」（自我：「私」という存在を認識する心）というものの実在を感じさせる意識は「痛み」という感覚である。

痛みといっても、いろいろな種類があるが、私が言っているのは心の痛みといったような形而上的な痛みではなく、頭痛、歯痛、手を切った、足を骨折した等の痛みであり、病気や外傷により起こる形而下的、肉体的な痛みなのである。この痛みを我という存在意識から分離することは不可能であり、強烈に自我の実在が肯定されるのである。

よって、この痛みという感覚は「痛み」イコール「我」といっても決して過言ではない。痛みほど自我というものを感じさせる現象はないのである。

人間の意識感覚には、視覚・嗅覚・味覚・聴覚・触覚の五感が存在する。痛みという感覚は、五感のうち触覚に分類される感覚であると考えられるが、触覚においても心地良い感覚というものは「夢見心地」とか「我を忘れる」といった言葉が示すように、往々にして我という意識から遠ざかって行き易いものである。だからこそ、私は改めて、この「痛み」という現象の不思議さを感ずるのである。

何故、痛みという感覚は、これほど、逃れる事の出来ない絶対的な「我」というものを認識させるのであろうかと……。

それでは一つの例として、人間が病気又は怪我により死に至るまでの過程を想像してみよう。病にしても傷にしても重篤になるほど痛みが増してくることは当たり前のことである。症状が悪化すればするほど、痛みは増大し、本人の意識から成り立つ我というものは、その痛みにのたうちまわり、痛みが極限に達すれば、我というものは存続し得なくなり、意識を失い、そして崩壊する。（その崩壊が意味するものは死である）

仏教においては、この「痛み」という感覚については特に説かれていない。むしろ、お釈迦さまは「我」というものはもともと存在しないものであると説いておられる。

私の勝手な解釈によって説明させてもらえば、自我というものは五蘊《ごうん》（人間を構成している五つの要素）や他我の集合体にすぎず、お釈迦さまが説かれたように、最終的には自我という独自のものは存在し得ないということになるが、このぼんくらには、何度考えても「痛み」という感覚が存在する限り、どうしても「自我」というものの存在を否定することが出来ないのである。

それでは、この自我という意識の最も根源的な部分に巣喰う痛みという感覚は一体何なのであろうか？

私の今までの経験が、この謎を解くヒントとなれば良いのであるが、例えば激しい頭痛があるときは、どのような美しい景色を見ても、どのような楽しいこと嬉しいことがあっても喜ぶことは出来ないのである。

それは、この痛みという現象が何よりも、最も根源的な我の部分に根ざしているとしか言いようがない。

このように私自身、何度も自問自答を繰り返すうちに、お釈迦さまの説かれた教えに「四苦」という言葉があることを思い出した。

これは「生・老・病・死」が苦であるという意味であるが、苦という概念は痛みという概念に比較的近い概念であると考えられる。

一般的には「生」は生まれる苦しみ、「老」は老いる苦しみ、「病」は病気の苦しみ、「死」は死ぬ苦しみ、あるいは死を恐れる苦しみと解釈するのであるが、この四苦は、いずれも共通して「命」という大前提の基に存立しているのである。

先ほど、私が根源的な実在の感覚として定義付けた、この形而下的、物理的な「痛み」という感覚も、改めて考えてみると、命を守るための根源的な感覚であり、換言するならば、命そのものの感覚ではないかという考えが生じてくるのである。

　では、この「命」と「我」との関係は一体どのようなものであろうか？

　命があればこそ、我というものを認識することが出来る。しかし、お釈迦さまは、我というものは、もともと存在しないと説いておられる。それでは、私たちは我というものを当たり前のように認識しているにもかかわらず、何故、我というものは存在しないのであろうか？　また、命と我とは同質なものなのであろうか？　それとも命と我とは、もともと別の存在なのであろうか？

　考えれば考えるほど、迷路の奥深く入っていくような気持ちに襲われるのであるが、ここで一つ面白い話があるので紹介させていただこう。

　その昔、戦国時代の禅僧・快川和尚が敵軍に攻められ、燃え盛る炎の中で「心頭滅却すれば火もまた涼し」という言葉を残し、悠然と死に赴いたという話である。

「心頭」とは、己の心すなわち我ということであろう。この逸話は、命と心（いわゆる「我」）が異質の存在であることを物語っている。しかし、快川和尚の言葉にあるように、本当に無我の境地になった場合、この痛みや熱さという根源的な苦痛は消滅するものなのであろうか？

　これは、ぼんくらの推測にすぎないが、我を捨て去り、無我の境地になったとしても、肉体的な苦痛（感覚による痛みや熱さ）は残るのではないかと想像するのである。

この肉体的な痛みは、我や無我という次元を超えたものであり、まさに命を守る感覚、命そのものの感覚、我を超えたところにある「識」（意識：認識の作用を司《つかさ》どる機能）から発生する感覚ではないかと思うのである。

思い起こしてみると、お釈迦さまでさえ、食あたりにより、激しい腹痛や下痢という肉体的な痛みにより、苦しみながら入滅されたと伝えられている。

ここで、今までに記してきたことをぼんくらなりに整理してみると、「命」という概念は「識」という概念を構成する基盤であり、「識」という概念は「我」という概念を構成する基礎となるのである。更に簡単に言えば、命の中に識が存在し、識の中に我というものが存在することになる。

繰り返しになるが、痛みという感覚は、我に内在しているものではなく識から発せられる命の存在そのものの感覚であり、たとえ無我の境地になり心頭を滅却したとしても、決して消し去ることのできない感覚ではないかと思えてくるのである。

あえて、ぼんくらの視点から物申すならば、「心頭滅却すれば火もまた涼し」という快川和尚の名言は、自己のプライドを保つための、壮絶なヤセ我慢の言葉となってしまう。

やはり、痛いものは痛い、熱いものは熱いのである。

第七章　自我意識と死について（告白）

誰にでも、一度は経験のあることではないかと思うのであるが、私も小学校五年生くらいの時であろうか、ふと死というものについて考えたことがあった。

その時の死というものに対する考え方は、これも誰もが思うように、一度死んでしまったら、自分という存在が消滅し、「無」という永遠の暗黒の世界が続くというものであった。まさに、生あるものが本能的に感じる死への衝撃的であり、絶望的な恐怖だったのである。

自分というものが死によって永遠に消滅してしまう！　死んでしまえば、二度とこの世に存在することが出来ない！　死んでしまったら大好きな父や母にも二度と会うことが出来ない！　死んだら永遠に「無」という暗闇の世界でもがき続けなければならない！

この厳然たる事実？（少なくとも小学生の頃から青年期までは、そう思っていた）を思うと、その絶望感に発狂しそうになったことを今でも鮮明に記憶している。

又、その頃の私は、このような得体の知れない化物を意識してしまったのは、この世の中に私だけであると思っており、誰にも打ち明けられない孤独感にさいなまれたものである。この死という得体の知れない化物を意識してから、度々、その恐怖感が私を襲ってくるようになった。

そしてある日、小学校の担任の先生へ、連絡帳なるものにおいて、死というものの恐怖感、絶望感を私なりに稚拙な文章で訴えかけたことを覚えている。

担任の先生からの回答は帰ってきたのであるが、「小学生の段階では死という事を考えなくてよい！　一生懸命、学業や運動に励みなさい！」といった、極く極く常識的な回答であったと記憶している。

私は、連絡帳に記された先生からの回答を読んで、私の恐怖感、絶望感は誰も解かってはくれない、自分一人で解決しなければならないものであると、ますます孤独感を深めていったのである。

その後、この人間としての原初的な恐怖感は五十代半ば過ぎまで解決することなく、私の心の奥底に封印し続けられてきたのである。

しかし……ただ封印し続けてきたのではない。その後、死後の存在を求めて、スピリチュアルの世界、心霊現象や超常現象というものに異常なまでに興味を持った。

結局のところ、そのようなものに対して興味を持つということは、死が自分に訪れてきたとしても、決して自分（自我意識）というものは無に帰さないという確証を見つけ出すことにより、心の救いを求めていたのであろう。その他、二十代の頃は、ハリウッド映画の「ベン・ハー」やグスタフ・マーラー作曲の「復活」などに宗教的感動を覚え、キリスト教に救いを求めたこともあった。

新約聖書や旧約聖書を買って、意味もわからないまま読み耽ったこともあったが、結局のところ、私のキリスト教への憧憬は、若い頃に有りがちな清く美しいものを求める青春の感傷以上のものではなかった。

確かに「愛」という概念を至上価値においたキリスト教の教義は、今でも素晴らしいものであると思っている。しかし、その教義からにじみでるストウィックさ、清浄さが、私には、窮屈であり、近づき難いものであったのである。

また、父なる絶対神、天国の存在という教義についても、どうしても人間が創作したストーリーとしてしか理解できず、そこに私の求める救いや、死への恐怖といったものを根本的に取り除くことは出来なかったのである。

例えば天国（神の国）の存在について、少し考えを巡らせてみるとどうであろうか。

仏教においても極楽という天国と類似した世界観はある。これは、あくまでも私の個人的な見解ではあるが、極楽という世界観は浄土宗の思想により、民衆を教化するための方便として阿弥陀如来のおられる極楽浄土と、鬼の棲む地獄という二極の世界観を創りあげたのではないかと考えられるのである。

しかし、キリスト教における天国という世界は、実際に存在する神の国であると教義的にも断定されており、その実在に寸分の疑問を抱く事は許されないのである。

もし、天国という神の国が存在するとなれば、その国にたどり着いた人間は永遠に生き続けられるという事になるであろうが、一体どのような暮らしをしながら生き続けていくのであろうか……？ 生きてゆくうえにおいて、永遠に不幸や苦悩のない世界など存在し得るのであろうか？ そのような素朴な疑問が、どうしても生まれてくるのである。

また、三十代になってからは、立花隆氏の著書『臨死体験』に大いなる興味を持ち、読み耽った事もあった。

この本は、臨死という人間の遭遇する極限の状況から生還した人の特異な体験（三途の川を渡る体験、お花畑で既に亡くなった親族から手招きされる体験、トンネルを抜け出て光の世界に入る体験、幽体離脱の体験ｅｔｃ）に、科学的アプローチを試み、死後の世界というものが本当に有るかどうかということを検証するものであった。立花氏が出した答えは、臨死体験は、脳内に、死に臨んだときにエンドルフィンという物質が分泌され起こる可能性が高く、当人が体験した現象は、あくまで脳内で、それらが作用した生時の現象・幻覚である可能性が高いというものであった。

しかし、立花氏はこのような臨死体験が一〇〇％脳内で起こった幻覚であるとは断定せず、調査した事例の中においては、どうしても現在の科学では説明できないような現象が存在するという含みを持たせているのである。

私はこの本を読んで、死への恐怖感がいくらか薄らいだように記憶している。

立花氏がこの本の終章あたりで記されたように思うのであるが、「我々の生というものは、一日の昼のようなものであるかも知れない。我々は太陽の光に照らされた昼の世界が全ての世界であると思い込んでいるが、夜の帳《とばり》が降りると夜空には満天の星が現れる。死後の世界とは案外このようなものなのかも知れない。」というニュアンスの言葉も、妙に説得力のある言葉として記憶に残っているのである。

また、アメリカの著名な精神科医であり、大ベストセラー『死ぬ瞬間』の著者であるキューブラー・ロス女史においては、小児癌を患い、余命わずかな幼児に対して「死は決して恐《こわ》い事ではないのよ、そう、蝶々がさなぎから脱皮して新しい世界に飛び立つようなものなのよ。」と説明していることを何かの本で目にしたことがある。

このエピソードも、私が「死」という今まで抱いていた絶望的な思いから、若干救ってくれた貴重な考え方の一つであった。

確かに未知の世界とは恐ろしいものである。死は全く未知の世界である。（キリストの復活は別として……）

しかし、案外、死の向こう側には、立花氏が述べたように、人間の固定概念を打ち破るような、それこそ人間の思考能力から遥かに隔絶した世界が無いとは、誰も否定しきれないと私は思うのである。

さて、ここでもう一つ、私の死生観を一八〇度変えた思想を紹介しておこう。

それはニーチェの有名な永劫回帰の思想である。

この思想を簡単に説明すると、この現象世界の時間の流れは円の形をとっており、仮に令和〇年〇月〇日にAという人間がBという場所で、Cということを考え、Dという行為をしたとすると、その後Aという人間が、寿命が尽きて死んだとしても、時間はグルッと一周して、それが何千年、何万年、何億年の単位か想像すべくもないが、ある時点において全く同一の現象が現れ、その現象が永遠に繰り返されるという思想なのである。

この思想によれば、人間は永遠に生死を繰り返すということで、仏教の輪廻思想に合い通ずるところがあると思われるのであるが、実をいうと、この思想ほど絶望的な思想は無い。時間の流れが円であるとすると、永遠に同じ現象が繰り返されるということであり、ここに神仏の意思というものが一切入ることは許されないのである。

言わんや、全く同じことが永遠に繰り返されるということは、神仏の存在の絶対的な意義である希望や救い、人間性の向上等は一切有り得ないのである。

この世で人殺しや自殺をした人間は、永遠にその行為を繰り返し、この世で戦争や自然災害で悲惨な死に方をした人間は、永遠にその死に方を繰り返すのである。

まさに、この思想は仏教風に言うならば、無間地獄の思想ということが出来るかも知れない。

この神仏の意思の介入を否定する思想、否、それどころか神仏の存在を徹底的に拒絶する思想……、だから、ニーチェは「神は死んだ」という言葉を発し、永遠に巡り来る完全に同一の人生であるならば、自己の生を最高最強の形に創造しなければならないという考えを基に、そこに至上の価値をおいた「超人」という概念を創り上げたのではないだろうか。

まことに皮肉なことではあるが、私は、この絶望的・悪魔的な思想によって、今までずっと抱き続けていた死生観というものが根底から覆されたのである。

この思想のおかげで、私はまず、永遠とは、無限とは何であるかという疑問を自分なりに解決することが出来たように思えたのである。詳細については、別の章で述べることにするが、永却回帰の思想に出会うまでの私は、時間の流れというものを一本の直線であると考えていた。

しかも、その直線は始まりもなく、終りもない直線……、それが、時間の流れであると考えていたのである。

しかし、よくよく考えてみると始まりも終りもない無限の直線などというものは理論上存在しないのである。

言い換えるならば、永遠・無限という観念を平面形で表わすならば、円という形しか無いのである。とすると、時間というものが円環性を示すとすれば、ニーチェの思想のように、死が訪れたとしても、一定のサイクルにおいて、必ず、全く同一の自我意識というものが、永遠に生滅を繰り返すことになる。

永却回帰の思想は神仏の存在、介入といったものを一切否定した悪魔的な思想ではあるが、死後の自我意識の存在、永遠なる自我意識の存在ということについては、力強く肯定しているのである。

〔ニーチェ 永劫回帰の死生観〕

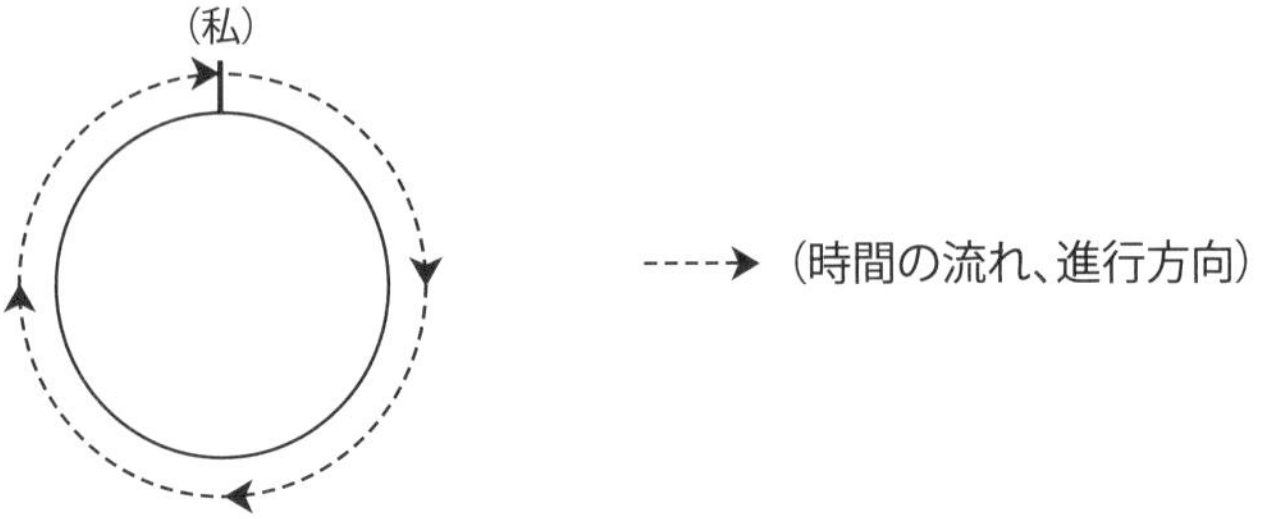

先にも述べたが、人間の根源的な最大の恐怖、いわゆる死の恐怖とは何であろうか?

何故、人間は死に対して、これ程の恐怖を感じるのであろうか? それは、おそらく私だけではなく、人間共通の感覚であると思うが、それは「無」になること、つまり自我意識が永遠に消滅することに対しての恐怖なのである。

何度も述べるが、まことに皮肉なことに、この絶望的であり悪魔的な永却回帰の思想が、私の死への恐怖を和らげてくれたことは、紛れもない事実なのである。

確かに、この思想は、仏教の極楽浄土の思想やキリスト教でいう天国、神の国の存在を信じることより、はるかに科学的であり、説得力があるように思える。

しかし、永遠の自我意識の存在というものの可能性が示され、この思想どおりの現象が実際に存在するとなれば、ニーチェが主張するように自我への固執の最たるもの、独我論(実在するものは自己と、その意識内容だけであり、他人や事物等は、自己の意識内容に過ぎないという考え方)にも似た、他我(他人）を否定し、その犠牲の上に君臨する超人の思想……、これ程、利他・慈悲を尊ぶ仏教の思想と、かけ離れた思想は無いのである。

ただ、永却回帰の思想と仏教の輪廻思想とは、時間の円環性という部分においては酷似しているという事実も否めない。

それは、少し補足をして説明するならば、永却回帰の思想における時間の流れは、先述したように平面的な円であるとイメージすればわかり易いであろう。

仏教の輪廻思想においては、人間は六道（天・人間・修羅・畜生・餓鬼・地獄）に何度も転生するという考え方であり、その転生の構造をイメージするには、蚊取り線香の中心に向かって渦を巻いてゆく螺旋状の形を思い浮かべれば良いであろう。

これは、このぼんくらの個人的な考え方ではあるが、人は何度も何度も輪廻転生を繰り返し、螺旋形の渦巻きの中心点、言い換えるならば、仏（如来）の位に達するために、修業を積み重ねてゆくのではないかと思うのである。また、この世に生まれ、その生き様次第では、中心点から離れて行くという逆行のパターンも十分に考えられるのである。

いずれにしても、輪廻転生の思想は、時間の流れというものを円環性的（無限的）なものとして捉えていることは間違いないであろう。

太陽が昇り、太陽が沈み、又、太陽が昇る。春が来て、夏が来て、秋が来て、冬が来て、又、春が来る。あらゆる現象は例外なく円環性を示しており、始めと終りの有る直線的なもの等は何一つ存在しない。

この道理から、自我意識と死というものについて、もう一度見つめ直してみると、眼前に新しい光景が現出してくるのではないだろうか。但し、この光景を更に見極めるためには、この章はあくまで総論であるため、別の章において各論を示し、個々のテーマについて更に検証してゆく必要がある。

何故ならば、この章のテーマである「自我意識と死について」は本著において、私が最も叫びたかった最も核心の部分だったからである。

さて、この章についてのは、このくらいで筆を置くことにするが、今までに読んできた仏教関連の書物の中に、大いに教えられ、目を見開かされる偉大なる先人たちの示唆が記されていたため、少し長くはなるが参考までに紹介しておきたい。

○講談社学術文庫　鎌田茂雄著『観音経講話』　P165～P168より引用

虚室生白《こしつしょうはく》の「猿法語《さるほうご》」のなかに「臨終要心の弁」という一章があるが、臨終の用心について説いたものである。

その内容は臨終をいかに考えるか、死とは何かということと、過去、現在、未来の三世の本質は何かということを説いたものである。

世間では一般に合唱念仏して何ら乱れることなく息を引きとる者をみて大往生をとげたといってほめ、苦しみ泣き叫びくるい回って死んだ者に対して往生ぎわが悪いといって非難するが、死ぬ時、安楽に死のうが、のたうちまわって死のうがそんなことはどちらでもよろしいと言っている。「其時の打見たる所にて、善悪は言ふべからず」と断言している。坐脱立亡《ざだつりゅうぼう》して大往生をとげる人はとげればよい。癌の末期症状において断末魔の苦しみをあげて死ぬ人は、そうして死ねばよいというのである。「臨終の時の事を、今からしならふべからず」「臨終の時の事を、今からせんさくはいらざる事なり」と断定する。

立派な往生をとげようとねがう心とは一体何か。その心のなかには名聞《めいぶん》の念があるのみ。外聞《がいぶん》や世間体を少しでもよくしようとする心があるから、立派な往生をとげたいと願うのである。そんなことはどうでもよいことである。問題なのはただ今の一念である。当分であるさし当たって今の心である。この当分に信心をおこすことである。

それでは只今の一念というのは何であろうか。念というものは、一念一念あとかたもなく念々に生滅し、念々に遷謝《せんしゃ》してゆくものである。前に思う念と後より出る念と、次第次第にうつり行き、かき消えてゆくから遷謝というのである。

落謝《らくしゃ》といってもよい。前に消えて過ぎ去った念を過去といい、当機の念を現在といい、後に出る念は未だ出来らぬ故にこれを未来というのである。

「猿法語」はつぎのようにいう。

然るに過ぎ去りし念は跡方もなければ自性なく、当機現在の念を思ひながら、自性あるかと立帰り知る時、念といふ物かつてなし。是れ現在の念も跡方もなし。未来の念は未だ来らねば、猶《な》ほ自性あるべき様《よう》はなし。

過去の一念はすでに跡かたもないから自性はない。現在の一念も自性があるかといえば、これも無相である。

未来の念はもちろんない。過去、現在、未来の一念すべて無自性となり空ぜられてゆく。無相なる一念一念こそが無量劫であることがわかる。過去や未来が実有と考えるのは時を連続した一つの直線と考えているからである。そんな時は抽象化された時であって生きている時ではない。考えられた時であって、生きてゆく時、この身心が感得する時ではない。

真の時とは一念一念以外にない。

しかもこの一念一念も無相であるから時はない。時がないことを永遠という。

あるいは不生不滅といってもよい。「不生不滅なれば、生れぬ先の過去も、此身終りて後の未来も、生滅ある事なし」となる。生死を脱し、安楽往生する必要はまったくない。

不生不滅であれば「生も生にあらず、死も死にあらぬなり」といわねばならぬ。一念一念のうちに無量劫があるとするならば、ただ当念、すなわち現在の念のみを生きればよい。そうなると、いまだに来たらざる未来の死を思いはかる必要はまったくない。現在の一念である当念すら無自性、無相であれば死を思い死を感じ、死を恐れる必要があろうか。

　ここにおいて、「死のせんさくはいらざる事なり」と断言できるのだ。

　われわれ凡人は死の恐怖を思い、残された家族の身を案じ、死の恐怖にうちのめされるが、真の達人には生き死にはないのである。


　其上生れたる時、生を知らねば、生れながら生をはなれ、死する時も死の分別あるうちは、息を引取らず、其分別覚えなき時、死するなれば、死も死をはなれて死するなり。（『猿法語』）

　人間が生まれた時のことをその人自身は知らない。そこには生はない。死ぬ時も死を自覚したり、死について種々もだえ苦しんでいる時には未だ生きているのであるからそこには死はない。

　意識がなくなった時死ぬのであるから「死も死をはなれて死するなり」といわれるのである。すさまじい気魄をもった思想というべきである。

　このような思想は合理主義や軽薄な知性で把握できるものではない。生や死の真実相を観ながら身体で思索するからこそわかるものでなければならない。

○角川ソフィア文庫　鈴木大拙著『日本的霊性』Ｐ２８７より引用

（大燈国師の言葉）

即今に新旧はない。前滅後生は、即今の働きで、須臾《しゅゆ》も止まぬ。精出せば凍る暇なき水車。日日新又日新なる生活を歓ばねばならぬ。人の死は大晦日の如きもの、直ぐその翌日の元旦、即生の始めじゃ。一寸も休みはない。仮に生死と名はつけども、時はいつも同じ時じゃ。活動は無始以来打通じゃ。死も活動の有時じゃ。死なくんば生なしじゃ。結局今じゃ。今より外に何もない。久遠の昔も今であって、無始である。

○講談社学術文庫　Ａ・Ｗ・ムーア著『無限』Ｐ５１６より引用

（ショーペンハウアーの言葉より）

球の上では、全ての場所が上であるように、生命の形式は常に「現在」である。そして、死が我々から現在を奪うが故に、死を恐れるというのは、我々が幸運にも今その頂点に立っているところの球体から滑り落ちてしまうのではないかと恐れるのと同じくらいに馬鹿げたことである。

第八章　時間の非存在と連続について

私（ぼんくら）は、「時間」の存在なるものを認めていない。

この現象世界にあって、事物が刻々と変化してゆく様を、便宜的に「時間」なるもので人間が理解しているに過ぎないと思っている。仏教によると（正式には唯識派の学説ではないかと思う）人間の意識による認識（事象の変化の認識）というものは、「即今」（瞬間）の連続によるものであるという。

よって、存在するものは、今（即今・瞬間）だけであって、過去も未来も実際には存在しないという。過去や未来という概念は「時間」という概念と同様に人間が人間社会で生きてゆくうえにおいて、便宜上作り出した概念なのである。

では、この「即今」という概念は、厳密にはどのように考えれば良いのであろうか。

仏教には「即今」を時間的に表わす言葉で「刹那」という言葉がある。これはサンスクリット語のクシャーナ（0・0013秒）を漢字で表した言葉であるが、「即今」が0・0013秒であるかというと、そうではない。

「刹那」とは、ゼロ秒に限りなく近い単位であると仏教が説いていると一般的には解釈されている。しかし、これもよくよく考えてみると「瞬間」又は「即今」という概念に時間というもの、それが例え0・00000……1秒であっても、果たして存在し得るものだろうかと思うのである。

ここでよく例に出されるのが「飛ばない矢」というパラドックスである。

矢は弓から放たれると当然、的に向かって進み、的に突き刺さる。

例えば、この矢が秒速10mの速さで飛ぶとしよう。そうすれば、矢が放たれて1・1秒後には、その矢は11m飛んだ位置に在ることになる。1・11秒後には11・1m先に在り、1・111秒後には11・11m先に在り、1・1111秒後には11・111m先に在り……。

この論理でゆくと、時間は進んでいるのに矢は決して11・2m以上飛ばないことになる。当然この論理は時間の単位を無限に切り刻んでゆくので、矢が進まないのは当たり前のことであると言われそうであるが、それでは何故、このようなパラドックスが成立するのであろうか?

答えは簡単である。それは、私たちが時間という概念を頭の中で数値化（単位化）し、非連続的なものであると考えるために、このようなパラドックスが成立するのである。

私たちは普段の生活の中で時間というものを認識するとき、アナログの時計であれば、カチ・カチと動く秒針の動きをイメージし、デジタル時計であれば、一秒一秒数字が変わってゆく光景をイメージする。

そのような時計イコール時間という観念が頭の中を支配するため、時間というものを非連続的なものであると認識してしまうのである。

しかし、時間というものは決してそういうものではない。川の流れのように常に連続しているものなのである。連続しているからこそ、矢は前に進むのである。

このことから、私は「瞬間」なり「即今」という概念に時間的な幅というものが本当に存在するのかどうかといった大きな疑問を持つのである。否、大きな疑問を持つというか「瞬間」なり「即今」という概念は時間的にはゼロなのではないかと確信さえするのである。逆に考えてみると、僅かでも時間に幅というものが存在すれば「連続」という現象は成立しないのではないだろうか。

仮に、この考え方が正しいとすると、この現象世界が成立するための「連続」という概念は、時間的にはゼロ秒の積み重ねという事になる。ゼロ秒の積み重ねが一秒になり、一時間になり、一年になるという事などは常識的にはとても考えられない。

小学生の算数でも、0+0=1、0+0=10、0+0=100とかで回答すれば、先生に大目玉を喰らうのはあきらかである。

「ゼロ」という数字の概念は一般的には、何も無いもの、すなわち「無」という意味に理解されているように思われる。

だから算数においては0+0=0という数式が成り立つ事は当たり前の事である。

ただ、「ゼロ」という数字の概念を「無」という意味だけで理解してしまうと、私の考える

「即今」という概念や「連続」という概念も理論的に崩壊してしまい、放たれた矢も本当に前に進まなくなってしまうのである。

これは、ある仏教の解説書を読んで得た知識であるが、古代インドのサンスクリット語では「ゼロ」をシューニャという語で表わし、仏教の教えの一つである「空《くう》」という概念も、同じくシューニャという語で表すというのである。

「空」という概念は、別の章において改めて私見を述べるつもりではあるが、簡単に言うならば「空」とは、全てが無いにもかかわらず全てが在る。全ての始まりであるにもかかわらず全てが帰結するといった二元対立の事象が一元化し、その矛盾が消え去った世界ではないかと考えている。

これも私の妄想に過ぎないかも知れないが、「ゼロ」イコール「無」の概念を「ゼロ」イコール「空」の概念に置き換えてみたらどうであろうか。「空」は全てが無いにもかかわらず、全てが在る故に、0+0=1、0+0=10、0+0=100……といった数式が成り立つ可能性を完全に否定する事は出来ないのではないだろうか。

ただ、仏教においては「ゼロ」と「空」という概念が同じであるという事は一言も言っていない。また、何とも無謀な暴論であることは百も承知している。

しかし、この私がぼんくらなりに考え抜いた挙句導き出した答えが、「即今」（瞬間）とは、時間的には「ゼロ」そのものであり、時間という概念に非連続を意味する幅が存在しないからこそ、瞬間の連続という現象が成立するのではないかと妄想してしまうのである。

この章については、これで終りとするが、仏教学者・鎌田茂雄氏の著書『華厳の思想』と、同じく仏教学者である立川武蔵氏の著書『空の思想史』に非常に興味深い説が掲載されていたため、その一部を引用し紹介しておく。

○講談社学術文庫　鎌田茂雄著『華厳の思想』 P90より引用

　時間が円であるということがわかると、一念のなかに永遠を見るということがわかるわけだが、われわれの頭は自然科学的、常識的知性で埋められているので、時間は直線と考えてしまう。過去があって、現在があって、未来がある、こんなものはどこにもない。あるのは今で、今があって瞬間に消えて、つぎがあるだけである。今があって、過去は記憶、未来は希望、何もないのである。ただあるところの直線時間を推定して、それが実在していると思う。しかしそんな時間はどこにも実在していない。そういうふうに考えれば、ものはわかってくるわけで、これが「一即多」ということである。

○同書P177より引用

時間というものは存在に付属しているものにすぎない。存在があって時間がある。時間があって存在があるのではなく、どこまでも存在しているものがあって、存在しているものの変化がすなわち時間ということである。

○講談社学術文庫　立川武蔵著『空の思想史』　3『中論』における動作の否定　P128〜P129より引用

竜樹（ナーガールジュナ）は『中論』第二章「すでに歩かれた場所（已去所《いこしょ》）とまだ歩かれていない場所（未去所《みこしょ》）の考察」において、歩く（行く）という動作とその動作の行われる場所との関係を扱っている。彼はまず「道路が〔踏み〕歩かれる」つまり「道路などに歩くという動作が見られる」という反対論者の意見を想定する。竜樹に反論する者たちは、道路という基体に歩くことという運動が存在しており、この基体と運動の関係は「道路が歩かれる」という受動態の文章によって表現されると考える。

竜樹は「道路が歩く動作を受ける」といった命題も成立せず、さらに究極的には道路とか運動というものは存在しない、すなわち、諸々のものは空であると主張する。

「道路が歩かれる」という命題が成立しないことを証明するために、竜樹はこの命題を以下の三つの場合に分けて考える。すなわち第二章一偈は次のようにいう。

（a）すでに歩かれた場所（已去所）は歩かれない（歩く動作を受けない）。
（b）まだ歩かれていない場所（非已去所、未去所）は歩かれない。
（c）已去所と非已去所を離れた今歩かれつつある場所（現去処）はない。

これらの三命題では、道路の領域が補集合的関係に分割されている。（a）は、歩くことがすでに歩かれた道路の領域に存在しないと述べ、（b）は歩くことがまだ歩かれていない領域（すでに歩かれた領域以外の領域）に存在しないと述べ、（c）はそれらの二領域を離れた領域は存在せず、したがって、そこにも歩くことはないと述べている。（a）（b）および（c）を総合することによって、竜樹は歩くべき場（道路）のいかなる領域にも歩くことは存在しないと主張する。

《ぼんくら補足》

右掲の文は、竜樹が代表的著書『中論』において、その思想の核となる「空《くう》」という概念を論理的に証明しようとした部分であり、立川氏が解説した内容を一部引用させてもらっている。

このぼんくらの頭では、論理的な考察はそもそも無理があるのであるが、直感的に「道路が歩かれている」という命題が成立しないということと、時間の非存在が同じように思えたのである。

それは、時間的に過去も未来も存在しない。よって現在も存在しない。

何故ならば、現在というものに時間の幅は無く、在るものと言えば、時間の幅の無い時間（ゼロ秒）だけであるから……。と思ったからである。

第九章　無と死の関連性について

仏教においては「無」という言葉が頻繁に使われる。

まずは、仏教の基本的な教えからアプローチしてゆくと、そもそも我というものは存在しないという「無我」という言葉。

万物は常に変化する存在であるとする「無常」という言葉。その他仏教における代表的な教典の一つである般若心経においても、「無」という言葉がやたら多く出てくる。

また、禅宗や真言宗等においても、「無」という意味と混同され易い「空《くう》」という概念を尊重し、その教えの根幹としている。

これは、ある本に書いてあった事であるが、仏教徒以外の外国人は、仏教において無とか空という概念が盛んに説かれているため、仏教を非常に悲観的あるいは虚無的な宗教であると大きな誤解を生じるケースが多いというのである。

「無」とよく混同される「空」の概念については、「無」とは似て、全く非なるものであるため、章を改めて記してゆきたいと思っている。

さて、話が少し横道に外れてしまったが、この章の主題は「無」とは一体何であるか？　そして、死とどのような関連性があるのか?という事である。

「無」という概念について、私たちが直感的に思い浮かべるイメージは、漠然とした透明で何もない空間ではないだろうか。

あるいは、真っ暗な空間を思い浮かべる人もあるかも知れない。

しかし、私たちが思い浮かべるそれらの「無」のイメージは、あくまでも「有」という概念の反対イメージとしての「無」であり、それは言わゆる相対無の世界ではないかと思うのである。

私たちは、まず何かが有ることを前提条件として意識している。そこに有る対象物が消えてしまったり、どこかに行ってしまったりすると、私たちの意識は今まで有ったものが無くなってしまったと認識するのである。

有ったものが無くなってしまったと、大部分は視覚で認知するため、「無」という概念を、そこに何も無い透明な空間と認識してしまうのであろう。

しかし、ここでよくよく考えてみると、この現象を真性の無、あるいは絶対無と定義付けることが出来るのであろうか？

あくまでも、この現象は有があってこそ無が存在するという相対無に過ぎないのではないかと思うのである。

それでは絶対無（真性無）とは、一体どのような世界なのであろうか？

一言で言えば、その世界は認識外の世界ということが出来るであろう。

自己の認識（主観とも言えようか……）で覚知することが出来る無であれば、それは絶対無ではなく相対無である。

ここで言葉遊びをするならば、「無」が有る（存在する）とすれば、その「無」も「有」となってしまい、相対無の範囲内の「無」という事になってしまう。

繰り返すが、最も絶対無に近い「無」を敢えて言葉で表現するならば、「絶対無」（真性無）という観念は主観が存在する限り有り得ない。と言う事になってしまうのではなかろうか。

私は、今、この瞬間、主観を持って、この現象世界に存在していると認識している。

言うなれば「有」という概念を認識していることになる。

何度も繰り返すが、自己の主観が認識する限り、認識の対象は「有」であり、そこで思考する「無」は相対無でしか有り得ないのである。更に考えを突き詰めてゆくと、絶対無の世界が有るということを認識することは、結局相対無を認識することと同じ事であり、絶対無という概念は有り得ないということになるであろう。

よって、このぼんくらの考えの行き着いたところは、この現象世界においては「有」という概念か、「相対無」という概念しか存在しないということである。

「死」という概念も、言うなれば相対無の概念と全く同じである。

言語によって「有」＝「生」、「無」＝「死」と認識しているのに過ぎないのである。

仮に、Aという者が「死んだら、あの世など存在しない。無になるだけだ！」と考えたとしよう。しかし、それはAの主観（有）が死（無）を考えているだけで、その死（無）とは相対無でしかないのである。

要するに、この現象世界には有と、有が無を生み出す相対無の世界しか存在しないのである。

この論法でゆけば、私たちが認識する「死」という概念は、死ねば仮に無に帰するとしても、相対無ということであり、絶対無（真性無）の世界に帰することは無いということになろう。

仮に「死」が絶対的な無に帰することであるとするならば、主観で認識できる死など存在しないということになってしまうのである。「無」とか「死」とかをこのように突き詰めて考えてゆくと、予想どおり、そこから何の答えも意味も見い出せぬ合わせ鏡の中の迷宮をグルグル回っているようなことになってしまう。

そこで、このような時に、どうしても思い出さずにいられない言葉がある。

その言葉とは、お釈迦さまが言われたとされている「無記」という言葉である。

かなり有名な逸話であるが、ある時、お釈迦さまに、弟子の一人が我々人間が死んだらどうなるのか？　無に帰してしまうのか？　それとも「あの世」というものが存在するのか？という事を尋ねた。

その時、お釈迦さまは暫く考えられ「無記」とだけ言われたという話である。

「無記」とは読んで字のごとく、今風の言葉で言い表すならば「ノーコメント」とでも言うのであろうか。

ようするに「おまえさんの質問には答える必要がない！」という事であろう。

この逸話を知ったとき、このぼんくらも、やはりお釈迦さまといえども、生身の人間であるから死後のことはおわかりにならなかったのであろうと、誠に浅はかな考えで「無記」という言葉の意味を解してしまった。

しかしながら、ぼんくらはぼんくらなりに仏教書や哲学書を読み進めてゆくうちに「無記」という言葉の本当の意味が解りかけてきたような気がするのである。

確かに我々は、他人の死とか、有ったものが無くなったというような相対的な無は覚知することができる。

しかし、その現象は先に記したように、自己の主観が存在し、機能しているからこそ覚知することが出来るものであり、自己の主観の消滅に伴う「死」とか「無」といった観念は、決して本人自身が覚知することは出来ない。極論するならば「無」とか「死」という観念は、個人

（主観）が思考や言語により考え出した妄想による産物だと言えるのではないだろうか。お釈迦さまは「無記」という言葉をもって「人間よ！　妄想を断て！」と叱咤されたのであろう。

そして、この「無記」という言葉の裏には「人間として生まれて来たからには、その現実をしっかりと見据え、その瞬間、瞬間を如何にして生きてゆくか、如何に己を磨いてゆくか、ということが最も大切な事である。」といったお釈迦さまの思いが隠されているような気がするのである。

「無」とか「死」について、解かったか解からぬような自論を長々と展開してきたのであるが、結論から言えば、形而上哲学の永遠のテーマとも言えるこれらの問題も、結局はお釈迦さまの「無記」という一喝で、片付けられてしまうのである。

第十章　輪廻転生の独自解釈について

私は、先述したように、もともと「時間」なるものの存在は否定しているのであるが、仏教でいう輪廻転生という死生観を解釈するには、便宜上「時間」という概念を想定して考える方が都合が良いと思う。

仏教では一般的に、人間は死後、六道（天界、人間界、阿修羅界、畜生界、餓鬼界、地獄界）を涅槃の境地（仏）に至るまで永遠に転生すると説かれている。

それは、現世でその人が行った行為が死後転生する際に「業《ごう》」となって顕れ、六道のどの道に生を受けるか決定されるという。

又、仏教では、この輪廻転生は、ほぼ永遠に繰り返される苦しみと説き、輪廻転生の中で修業を積み、真に悟りを得た者だけが二元対立（詳細後述）の無い涅槃の世界、如来の世界に到達できると説かれている。

正直言って、私はこの教えが仏教の教えの中で、西方浄土（極楽）の存在と同レベルにおいて信じ難かった。

しかし、今まで考えていた終始の無い直線的で無限な時間の観念を円環に修正し、如来の世界を太陽という恒星に、そして太陽のまわりを軌跡を描いて廻っている水星、金星、地球、火星、木星、土星、天王星、海王星の惑星を六道（とりわけ人間界は地球に相当するか）に例えるならば、私のようなぼんくらでも、輪廻転生の世界をよく理解できるような気がするのである。

つまり、私の解釈では、中心点に在る如来（太陽）の引力により、人間（地球）を含めた六道（八惑星）が円環の時間の中で修業（運動）を行い、その修業を一つ終えた者は、来世では より如来（太陽）に近い軌道に位置する惑星となり生命の軌跡を描き、悪業を働いた者は、如来から遠い軌道に位置する惑星となり、無限とも言える時間の円環を巡ってゆくのである。

〔仏教 輪廻転生の死生観〕

(1)　輪廻転生の軌道

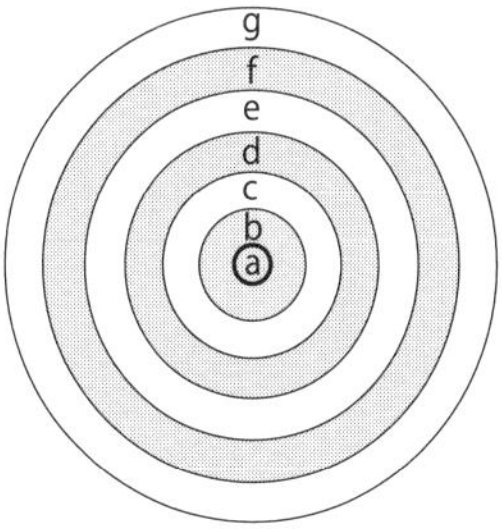

a；　仏又は如来界
（二元対立のない涅槃の境地）
b；　天人界
c；　人間界
d；　阿修羅界
e；　畜生界
f；　餓鬼界
g；　地獄界

(2)　向上のパターン

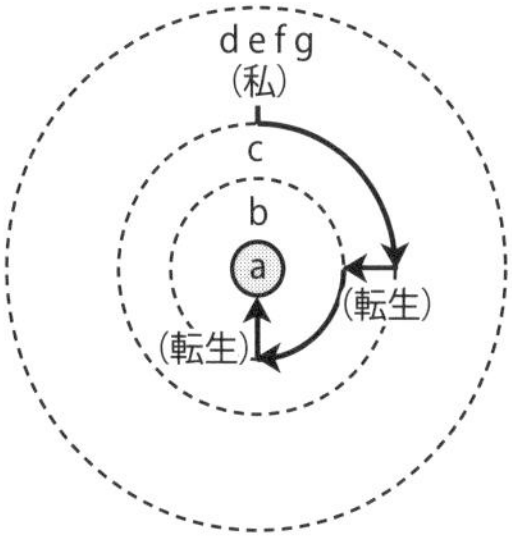

(3)　堕落のパターン

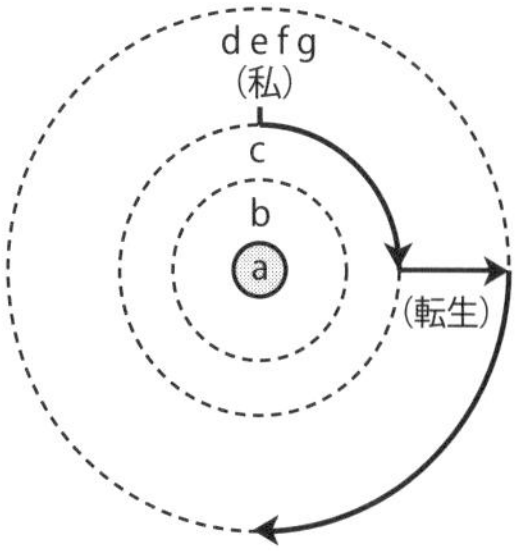

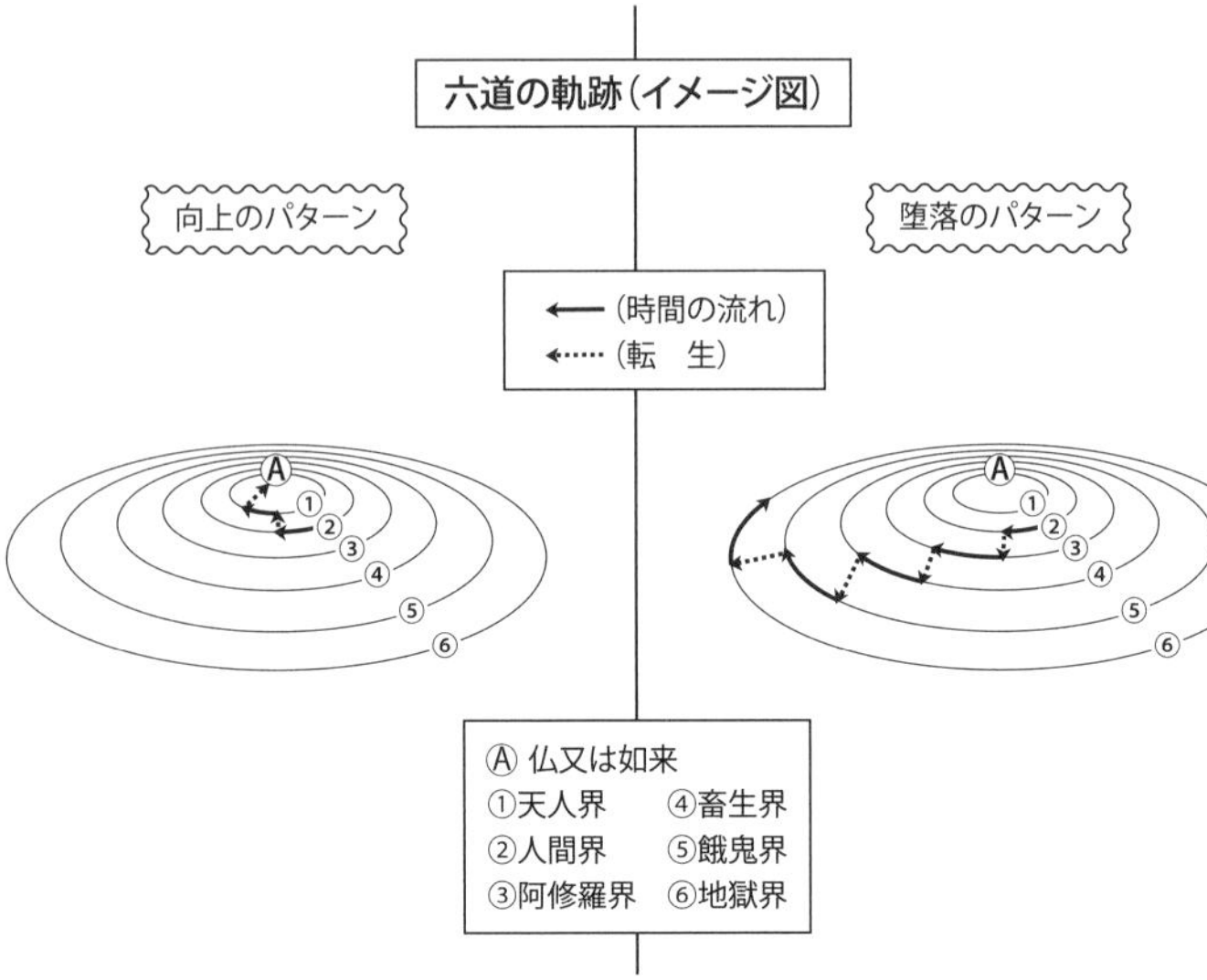

我々は何故、人としてこの世に生を受け、四苦八苦を繰り返しているのか？

それは、円環を為す時間の流れにおいて、六道の中心におわす如来の意思に少しでも近づくことが出来るよう、言い換えるなら、より太陽に近い軌道を廻る惑星に転生することが出来るよう、仏様は無限の慈悲をもって、意識する機能を備えた尊い生命を与えて下さったのではないかと考えるのである。

第十一章　異熟《いじゅく》と共業《ぐうごう》

仏教の重要な教えの一つに、因果応報の法則があるということは誰もが知っている。この教えは、事象の全てには必ず原因があって結果があるという理《ことわり》を表わしたものである。春が来たら花が咲き、夏が来たら蝉が鳴き、秋が来たら紅葉し、冬が来たら雪が降るといったように、自然界の現象からしてみても、誠に理にかなった科学的な法則と言えよう。

仏教の教えの特徴としては、この因果応報の法則を自然界のみならず、人間の行動や心の面においてまで適用したことではないかと思う。わかり易く言うと、善い行為は善い結果（善因善果）、悪い行為は悪い結果（悪因悪果）を招くということであろうか。

しかしながら、現実は必ずしもそのようにスムーズに進行するとは限らない。むしろ善因を施している人が不幸な生涯を送ったり、悪因を作りながら成功し、賞讃されたりする人が少なくない事も事実である。

誠に現実の世界とは、不条理、不合理な事ばかりであり、ついついこの世に神も仏も無いものか！と嘆いてしまうことが多々有る。

最近の事例でいうと、その最も顕著な例として掲げられるのが、阪神淡路大震災、東日本大震災ではないだろうか。

これらの大震災で亡くなられた多くの犠牲者の方々の事を考えてみれば一目瞭然である。これらの人々は、あるいは津波にさらわれ、あるいはガレキに押しつぶされ、あるいは業火の中で地獄の苦しみを味わいながら尊い命を落とされた。

また、後に残されたご遺族の方々も大きな悲しみと絶望感にさいなまれ、その心の傷は決して癒されることはない。

さて、ここで改めて仏教の因果応報の法則について考えてみよう。

これらの不幸な目に遭われた方々は、全てが悪因を持っていたからこのような目（悪果）に遭ったということなのであろうか？

もし、因果応報の法則をそのまま文字どおりに解釈するとしたら、残念ながらそのようなことになるのであろう。

当然、ここで誰もが素朴な疑問を持つ。

「あのように善良な人に、何故悪因があるのか？　何故あのような善良な人が悲惨な死に方をしなければならないのか？」そして、「仏教やキリスト教などのあらゆる宗教は、このような苛酷な現実に対して、どれほどの意味があるというのか？」という事を。

更に、このぼんくらは思う。これらの非業の死を遂げられた方々のご遺族に対して、仏教者は因果応報の理《ことわり》を堂々と説けるのかといった事を。

つまり、ご遺族の方々に「亡くなられたあなたのご家族の方は、過去に悪因があったので非業の死を遂げられたのです。」と正面切って言えるかどうかということである。

とても言えるものではない。返ってそのような非常識な言葉は、ご遺族の方の傷ついた心を更に深く傷つけてしまうことになるであろう。

仏教には「異熟《いじゅく》」（ヴィパーカ）という考え方がある。それは因果応報の解釈に関するものであり、因と果との結合にギャップが生じ、一時的に異変や逆転などが起こるケースが現れるという考え方である。

また、因果応報の法則は、人の一生において必ず完結するといった単純なものではなく、来世、来々世等において実を結ぶといった教えも「異熟」の一つの考え方ではないかと私は思っている。

なるほど、そのように時間枠を拡大し、来世の存在というものを肯定するならば、因果応報の法則も、多少納得が出来る部分も出てくる。しかし、ここでもう一度、因と果の関連性をもう少し深く掘り下げて考える必要があるように思えるのである。

この現代世界には、因というものは無数にあり、その無数の因が、無数の時間帯と無数の場所において複雑に絡み合い結合し（これを、私は仏教でいう「縁起」という教えであると理解している）果というものを生み出している。

当然、無数の因から成生された果も無数にある。その無数の果も、やがては無数の因に変質し、更に無数の果を生み出すという無限のサイクルが繰り返されているのである。

因と果の関係性においては、各々が影響し合い、増大してゆくものもあれば、縮少し、やがては消滅してゆくものもあるであろう。

このように因と果は、無限の複雑性を有しているため、その関わり合いの中で、善因が必ず善果を生み、悪因が必ず悪果を生むとは限らないとも考えられる。

言わんや勧善懲悪の時代劇ドラマ「水戸黄門」のように、人の一生という限られた時間枠において善人が必ず救われ、悪人が必ず罰せられるという事などは我々の妄想にすぎないのかも知れない。

話は少し脱線してしまうかも知れないが、仏教学者・末木文美士氏が著書『現代仏教論』（新潮新書）において、非常に興味深い事を書いておられたので、ここに紹介させていただこうと思う。

それは、チベット仏教の活仏として敬愛されるダライ・ラマ十四世が、東日本大震災被災地、石巻で行った講話の一部であり、その講話に対して末木氏が注釈を記されたものである。

○ダライ・ラマ十四世講話より　一部引用　P43～P44

「苦しい状況というものは、みなさんが過去に為した何か間違った行為が原因となって起こるものです。

それは今生でやったことだけではなく、みなさんの前世でやったことかも知れないのです。集団が前世で同じように何か間違った行為をし、そして今生で、ここに一同に会して、同じ時期に、同じ場所にいま生まれているのです。

そして、これがみなさんが同じような悲劇を共有して体験しなくてはならなくなっていることの原因なのです。」

（以下　末木氏注釈文）

前記発言で注目されるのは「業」が決して個人の問題としてだけでなく、集団的な行為として捉えられていることである。このような業のあり方を仏教教理学では「共業」（ぐうごう）と呼ぶ。

業ということが人類全体が積み重ねてきたことだとすれば、それは個人の責任であるよりも人類全体の責任ということになる。この見方はかなり有効性を持つように思われる。

以上がダライ・ラマ十四世の講話の一部と末木氏の注釈文であるが、私はこの本によって「共業」という考え方を初めて知り、何故か水族館で見たある光景を思い出した。

その光景はテレビでも時々放映されることがあるが、小さなイワシのような魚が何千・何万匹と群れを成して泳いでいる光景なのである。その泳ぎの行動パターンは、何千・何万匹の群れが、あたかも一個の意思を持った生き物として私の眼に映ったことを憶えている。人間も、ある特殊な状況下に置かれた場合、イワシの群れと同じように個々の意思は抹消され、規模の大小はともかく、その集団自体が、一個の意思を持った生き物と化してくるような気がするのである。

一つの例をとってみると、それは過去に日本人が国家神道、軍国主義といった同じ価値観のもと、国家規模の集団化により起こした太平洋戦争という侵略戦争であろう。

その集団的行為（意識）こそが、ダライ・ラマが言う「共業」にあたるものなのかも知れない。

だからと言って「共業」なるものの存在を説いてみたところで、自然災害や戦争で命を落とされた方々や、そのご遺族の方々の救いになるのであろうか？

「共業」という概念がもし存在するならば、「共業」という現象は、より大きな全体的な因果関係が個々人の因果関係を飲み込んでしまう現象ということになろう。

共業の論理から類推して考えてみれば、まさに自然災害等は自然や集団という強大な因果律が、人間個々人の因果律を飲み込んでしまう顕著な例であり、当然といえば当然であることなのかも知れない。

しかし、この論理は大なる因が小なる因を飲み込み、大なる果が小なる果を駆逐するといったような、言わば弱肉強食の論理であり、個々人の「救い」への想いは完全に断たれてしまうのである。

善い事をすれば、必ず善い果が得られ、悪い事をすれば必ずその報いを受けるという因果応報の法則を、仏教を信仰する人々は大きな心の寄り所としている。

また、それが誰もが宗教に求める「救い」ではないかと考えるのであるが、先に記したような「異熟」や「共業」のような例外が頻繁に起こるようであれば、仏教における「救い」とは一体どのようなものであるのか？という素朴な疑問が頭を持たげてくるのである。ただ、ここで私たちは、因果応報の法則というものを短絡的に理解することについても、自分自身で戒しめてゆかなければならないことも事実である。

お釈迦さまも説いておられるように、善行は決して報酬や見返りを求めてはならないものなのである。善行に報酬や見返りを求めた時点で、その行いは、もはや善行とは言えなくなってしまう。

私たち人間というものは、悲しいことに善行の結果として現れる善果というものを、どうしても名誉や金銭的な利益等、目に見える形で現われるものとして捉えてしまう性質があるように思えてならない。

また、自分が行った善行であるから、その善果は必ず自分が生きている間に、自分のところに返って来なければならないといった利己主義的な思い込みがあるように思えるのである。私たちは、ここのところもよくよく肝に銘じておく必要があるであろう。

善果というものをそのように考えるのであれば、それは現世利益のみを主張する妖しげな新興宗教の教義と何ら変わりはないのである。それでは、本当の善果というものは一体どのようなものなのであろうか。

これは、このぼんくらの自論ではあるが、本当の善果とは、善因を行った時に、己の心に生じる清らかな喜びではないかと思う。

善因や悪因はどのような小さな事でも、その行為を行えば、必ずその人の心に喜びや罪悪感が生じるものである。

私は、その喜びや罪悪感こそが善果や悪果そのものではないかと思うのである。

そして、一旦実を結んだ本人の小さな善果や悪果が、他の無数の善因や悪因と複雑に絡み合い、あるいは新たな善果悪果を生み、あるいは消滅を繰り返し、無限に水の輪のように拡がってゆくのではないかと考えるのである。とは言え、因果応報の法則における突然変異ともいえる異熟や共業に関する問題は大変に厄介な問題である。

何故なら、この問題は仏教の「救い」という根本的な教えに対して、直接に大きな疑問を投げかけてくるからである。

そして、誰もが納得するような回答を得ることが出来ないからである。

自論として述べたように、善果が善因を行ったときに己の心に生じる清らかな喜びであったとしても、善き人が災害や戦争で尊い命を落とすという現実を目のあたりにすると、どうしても個人個人が希求する「救い」というものは、もともと存在しないのではないかと思ってしまうのである。

ここで、法句教という教典において、お釈迦さまが、次のように説かれているので紹介しておこう。

○講談社学術文庫　田上太秀著『仏典のことば』　P48〜P49引用

「まだ悪の果報が熟しないうちは、悪人でも幸せに巡り合うことがある。

しかし、悪の果報が熟した時には、悪人はわざわいに巡り合うことになる。

まだ善の果報が熟しないうちは、善人でもわざわいに巡り合うことがある。

しかし、善の果報が熟した時には、善人は幸せに巡り合うことになる。

その果報は自分には来ないだろうと考えて、悪を軽く見てはならない。

水が一滴ずつ落ちても水瓶は満たされる。愚か者が一滴の水を集めるように悪を少しずつ行えば、やがてわざわいに満たされる。

その果報は自分には来ないだろうと考えて、善を軽く見てはならない。

水が一滴ずつ落ちても水瓶は満たされる。心掛けのよい人は、一滴の水を集めるように少しずつ善を行えば、やがて福徳に満たされる。」


（『法句経』第一一九〜一二二偈）

まさに、お釈迦さまは、法句経のこの言葉により、因果応報の法則が厳然と存在していることを宣言されているのである。

また、異熟という現象も果報が熟するまでに起こり得るといった事もおっしゃっておられる。

私は前文において、共業という概念がもし存在するならば、自然災害や戦争のような強大なる因が、個人個人の弱小なる因を飲み込み、その結果、強大なる果が弱小なる果を駆逐することになり、個人個人の「救い」を希求する想いは断たれてしまうのではないかという懸念を記したのであるが、お釈迦さまは心掛けの良い人は、やがては福徳に満たされると、人間一人一人の「救い」をハッキリと約束されているのである。

お釈迦さまのこの約束は非常に重みがある。私たちは、この約束の言葉をどのように理解するかによって、仏教の教えと現実のギャップを埋めてゆくことの出来る方法を考えてゆかなければならない。

そのためには、お釈迦さまの言葉を一つ一つ吟味してゆく必要があろう。

まずはじめに吟味しなければならない言葉は「善」という言葉である。

善とは、言い換えるならば仏教で説く慈悲の精神を表わすものであろう。

慈悲という概念は、命ある全ての者を救おうとする仏さまの絶対的な誓願であり、絶対的な意志である。（宇宙の意志といっても良いであろう）

人間一人一人の心に芽生えた善因というものは、現実の世界においては共業のような大きく強い因果律の波に飲み込まれることがあるかもしれないが、決して消滅するものではなく、蓄積されてゆくものであるという真実を忘れてはならない。

二つ目は、「福徳」という言葉の意味である。それは善果の結実と言い換える事も出来よう。私は、お釈迦さまの言っておられる福徳とは、善果として授けていただける仏さまの智慧ではないかと理解する。

それは、心の充足感と言おうか、人格の輝きと言おうか、なかなかうまく表現する事は出来ないが、仏さまの智慧を少しでもいただく事により、今まで見えなかった世界、今まで感じなかった世界が眼前に開けてくるのではないかと思うのである。

そして、最後に掲げる言葉は「信仰」である。この言葉はお釈迦さまの言葉としては出て来ない。

私たちは現実社会で生きてゆくうえにおいて、異熟や共業等の一見不条理と思える現象に振り回されていることは事実である。

善因を積んだとしても、善果である福徳が何時、己のところにやって来るかは全くわからない。やって来ないかも知れない。あるいは大きな災害に遭遇し、悲惨な死を遂げるかも知れない。

しかし、私たちはそのような心配など一切する必要はない。そのような杞憂とも言える観念に捉われ、せっかく仏さまが与えて下さった人生を無駄に過ごすことなど、全く愚かなことである。

お釈迦さまは、ハッキリと善因を施せば善果は結実するという絶対的な真実を私たちに約束して下さっているのである。

目先の結果に捉われる必要など全くない。

無条件にお釈迦さまの約束を信じ、何が善であるかという事をよく考え、善を実践する喜びを感じる事ができる自己を創りあげる大きな希望を持つことが、不動の信仰心に繋がってくるのではないかと思うのである。

この現実社会で、どのような事態が起ころうとも、異熟が起ころうとも共業が起ころうとも、希望を捨てては全てが終わりである。へたな小細工などしてはならない。

一日一日を精一杯、愚直に生きる。後は、お釈迦さまの御心におまかせすれば、それで良いのである。

第十二章　涙と微笑

仏教には「慈悲」という言葉がある。

私は仏教を少しばかり勉強するまでは、ただ漠然とキリスト教でいう「愛」と同質の言葉であると考えていた。

しかし、「愛」という言葉は、仏教では渇愛という、執着に捉われた一つの煩悩を意味する言葉であるという事がわかってきた。

ある仏教の解説書を読むと「慈悲」とは「抜苦与楽」の事であると説明されている。「抜苦与楽」とは、読んで字のごとく苦しみを取り除き、楽を与えるという意味である。ようするに「慈」が「与楽」の意味に相当し、「悲」が「抜苦」の意味に相当するのである。さらに、この言葉に考えを巡らしてみると、「与楽」でいう「楽」とは当然の事ながら、物質的、肉体的、精神的な人間の欲望を叶えるといった低次元のものでは在り得ない。命あるもの全てを慈しみ育むという、完全に平等であり無償である仏さまの御誓願が込められていることは間違いあるまい。

「悲」についても、この世に存在するあらゆる苦悩・苦痛を取り除こうという仏さまの御誓願を意味しているのであろう。

一般的に仏教にいう「慈悲」あるいは「慈悲心」の意味は、前記のことを総合的に考えて、あらゆる命あるもののために、共に喜び悲しむことが出来る心ではないかと勝手に想像するのではあるが、何故か、このぼんくらは「悲」という言葉により仏さまの思いを感じてならない。

当然、「慈」という言葉も「悲」という言葉も仏さまの御心の顕れであり、その言葉の重軽、優劣を論ずることなどは全く愚かなことであると承知している。

これは、単にこのぼんくらの個人的な感情から記していると理解していただければそれで良い。先程も述べたように「悲」という言葉の意味は、苦痛を取り除くことと解釈される。

例えば、あなたが虫歯になり激痛に苦しんでいたとしよう。そのような時あなたが最優先にして欲しい事は何であろうか？

もし、あなたが前々から宝くじに当たりたいと思っていたとしたら宝くじに当選することであろうか？　それとも、前々からあなたが他人から尊敬されたいと思っていたとしたらその願いが叶うことであろうか？

そうではあるまい。きっとあなたは、今、激痛に苦しんでいる歯の痛みを取り除いて欲しいと願うのではないだろうか。

例えがあまり良くないかも知れないが、「悲」とは数字で表現するならば、マイナス（一）の状態をゼロの状態に回復する行為であり、「慈」とはゼロの状態をプラス（＋）にする行為ではないかと思うのである。

人間に限らず全ての生き物は、まず生命を保持しようとする基本的な欲求がある。

私は第六章において、「痛み」（特に身体にかかる感覚的な痛み）とは、生命を保持しようとする根源的な感覚ではないかと記したが、「悲」とは精神的な面も含めて、マイナスという苦痛を取り除きゼロの状態にしてくれる行為ではないかと改めて思うのである。

先の例にも掲げたように、身体でも心でもマイナスの状態にあっては、慈しみを施されても、その行為の崇高さを感じ取ることは難しいのではないだろうか。

故に「慈」という行為はプラスマイナスゼロの状態で施され、初めて真の輝きを放つことになる。

また、「悲」という言葉は、一般的には人間の悲しみ嘆きを表わす感情の意味として使われているのであるが、この感情は、人間のみに備わった非常に次元の高い感情ではないかと思うのである。

この考え方に対して、猿や犬等の高等動物においても、母親が死んだ我が子を何時までも胸に抱いていたり、悲しみの鳴き声をあげるという行為があるではないか？という反論が当然あるであろう。

しかし、その感情は「悲しみ」という感情よりは「嘆き」という感情に近いものではないかと、このぼんくらは考える。

では、「悲しみ」と「嘆き」は一体どこが異なるのかという事になるであろう。

「悲しみ」「嘆き」という感情は、もともと自己が愛した者や物を失なった場合に湧いてくる感情であると思うのであるが、その中でも「悲しみ」という感情は、己が置かれた境遇を嘆き悲しむばかりの感情ではなく、他者が置かれた境遇を我が身の痛みとして感じ、他者の痛みを少しでも軽減しようとする感情ではないかと考える。

その意味においての「悲しみ」という感情は、人間が仏さまより与えられた最も崇高な感情であり、仏教でいう「悲」という言葉と大きな類似点を見つけだすことが出来るのである。仏教では「悲」を強調する言葉として、「大悲」という言葉がある。

この言葉は観世音菩薩の大悲としてよく使われる言葉であるが、その意味は、まさしく宗教に最も求められる「救い」を表わしている観念であろう。

「大悲」とは、苦を取り除いてやろうという仏さまの最も尊いご誓願なのである。

ここで改めて「慈悲」という言葉の意味を考えてみると、「悲」という言葉は仏さまの流される尊い涙であり、そして、その涙により生きとし生けるものの苦痛を洗い流した後に施される「慈」、いわゆる慈しみ育むという言葉が、このぼんくらには仏さまの微笑に見えてくるように思えるのである。

第十三章　自性と非自性について

ある仏教の解説書を読んで大きな感銘を受けた件《くだり》がある。

それは「この現象世界において、己一人で成り立っているものなど何一つ存在しない。」とする仏さまの教えである。

万物の生成は非自性的なもの、つまり単一の存在では形に成り得ないもの、そして意味を成し得ないものが複数個集合し、合体あるいは混合して初めて自性的なもの、つまり独立した意味のあるものに成るという教えであるが、このぼんくらは、その教えを目にした時、直ぐに「人」という漢字を思い出した。

「人」という漢字は「丿」と「乀」の単一では何も意味を成さない線や点のようなものが合わさって出来ている。

まさにこの線や点のようなものが非自性のものであり、この二つの非自性のものが支えあった形で初めて「人」という自性のものに成るのである。

それでは「人」が自性のものであるとすれば、非自性のものである「丿」とか「乀」は一体何に相当するのであろうか。

いろいろな解釈が可能であろう。まず、人体の諸器官を組織している各細胞であると解釈す

〔自性・非自性の算式〕

（非自性体ａ）＋（非自性体ｂ）＝㊀自性体Ａ（非自性体ｃ）
（非自性体ｄ）＋（非自性体ｅ）＝㊀自性体Ｂ（非自性体ｆ）
⇩
（非自性体ｃ）＋（非自性体ｆ）＝㊀自性体Ｃ（非自性体ｇ）

※上記の基本算式が、無限に縮小又は、拡大してゆく。

ることが出来る。

また、もっと大きなパーツをイメージするならば、頭や胴体、腕や足と解釈することも可能である。

更には、ある有名な社会学者が言った「人間は社会的動物である」という言葉も思い出される。人間は一人では生きてゆく事が出来ない。それこそ人間は一人では非自性のものであり、「人」という漢字のイメージどおり、お互いに支え合い集団社会の中でこそ自性のものに成るといった解釈も出来るであろう。私はどの解釈も正解であると思う。

視点をどこに置くかという事によって、非自性のものが自性になり、自性のものが非自性のものに成り得るのである。

自性・非自性の概念は、人間にのみ当てはまるものではない。この現象世界の全てのものに当てはまる。

算式に表わしてみると上のようになる。

この算式でわかるように、非自性体、自性体自身が相対的なものであり、無限に小さくにもなり、無限に大きくにもなる。

風詠社の本をお買い求めいただき誠にありがとうございます。
この愛読者カードは小社出版の企画等に役立たせていただきます。

本書についてのご意見、ご感想をお聞かせください。 ①内容について
②カバー、タイトル、帯について
弊社、及び弊社刊行物に対するご意見、ご感想をお聞かせください。
最近読んでおもしろかった本やこれから読んでみたい本をお教えください。

ご購読雑誌（複数可）	ご購読新聞 新聞

ご協力ありがとうございました。

※お客様の個人情報は、小社からの連絡のみに使用します。社外に提供することは一切ありません。

料金受取人払郵便

大阪北局
承　認

6123

差出有効期間
2023 年 5 月
3 1 日まで
（切手不要）

郵 便 は が き

5 5 3-8 7 9 0

018

大阪市福島区海老江5-2-2-710

㈱風詠社

愛読者カード係 行

ふりがな お名前		大正　昭和 平成　令和　　年生　　歳
ふりがな ご住所	□□□-□□□□	性別 男・女

お電話 番　号		ご職業	
E-mail			
書　名			
お買上 書　店	都道 府県　　市区 郡	書店名	書店
		ご購入日	年　　月　　日

本書をお買い求めになった動機は？

1. 書店店頭で見て　　2. インターネット書店で見て

3. 知人にすすめられて　　4. ホームページを見て

5. 広告、記事（新聞、雑誌、ポスター等）を見て（新聞、雑誌名　　　　）

そして、その行き着くところは（いわゆる真の自性体とでも言えば良いであろうか）、宇宙、否、宇宙をも含んだ仏さまそのものではないかと思うのである。

非自性と非自性とは、仏教で説く「縁」により結びつき自性のものになる。「縁」とは仏さまの御意思というものであろうか、私はそう考えている。

この章において、自性と非自性について、極く簡単に記してきたが、全てのものが支え合い助け合ってこそ、この現象世界が成り立つという仏さまの真意が見事に顕現された教えであるという事を、私たちは深く胸に刻み込んでおく必要があるのではないだろうか。

第十四章　もう一つの真実（有限）

話は少し大きくなるが、私たちは宇宙の存在と時間の流れというものに思いを巡らせる時、一般的には「無限の宇宙」とか「永遠の時の流れ」といったように、始めも終りもない空間や時間というものをイメージし、その考え方は現代の科学に照らし合わせてみても主流を占めているように思われる。（勿論、宇宙の起源はビッグバンから始まったという有限論もあるが、通常私たちが考え得る空間や時間の概念をはるかに凌駕するものであるため、ここでは無限・

永遠と考えても差し支えないように思う）

なるほど、現代社会に生きている私たちには、その考え方は至極もっともであり、健康的な考え方であると言えよう。

私もその考え方を否定するつもりは毛頭ない。むしろ「無限」や「永遠」という観念は人間が生きていくうえにおいて必要不可欠である夢や希望を持たせ、そして脹らませてくれる非常に有益な考え方であるとさえ思っている。宇宙や時間といった存在に限らず、精神的な面においても、知恵や思考力の発達について、無限の可能性があると信ずることは素晴らしいことである。

だが、このぼんくらの頭には天邪鬼という厄介者が巣喰っており、盛んに無限とか永遠という現象は、果たして真実であるかどうか？という疑問を投げかけてくる。

もっと具体的に言うなれば、私たち人間の中で、実際に無限や永遠を体験したものがいるかどうか？と言うことなのである。

結論から言えば、誰もそのような体験をした者はいない。

勿論、天体望遠鏡による観測、光や電磁波等の利用、あるいは難解極まりない数式や論理を駆使して、ある星に到達するまでの空間距離を計測することや、ビッグバンの発生のように宇宙の起源を時間的に推論することは可能かも知れない。

しかし、そのような無限や永遠に等しい現象の探求は、科学という媒体を介して証明あるいはは推論されたものばかりであるという事を頭の隅くらいに置いておいても良いのではなかろうか。

さて、ここで何故、天邪鬼が私の頭の中に巣喰ってきたかという経緯を記してみることにしよう。（但し、時間の永遠性についての私見は本著の第八章において記しているので、この章においては宇宙の無限性についてのみ記してみることにしたい）

例えばAという人間が、窓も何もない狭い地下室に閉じ込められていたとしよう。閉じ込められた期間、Aという人間にとって宇宙とは、果たして無限の空間なのであろうか。決してそうではあるまい。Aという人間にとっての宇宙とは、天上、床、そして四面の壁で囲まれた狭い空間こそが全宇宙なのである。

では、Aが地下室を出て見晴らしの良い広大な草原に立った場合、宇宙は無限の空間となるのであろうか？

Aの視野には、地平線や光り輝く太陽、そして青空や流れる白い雲が映ることであろう。しかし、そのような広大な場所に居ても、Aにとっての宇宙は無限の空間ではない。

視覚的に言うと、Aにとっての宇宙は、あくまでも地平線までであり、空を見上げてみても、青空や白い雲で構成された天蓋の先は何も存在し得ないのである。

中天に位置する太陽もそうである。目に映る太陽は、現代科学で常識となっている地球の約一三〇万倍の体積で、約六千度を超える高熱を発する物体ではなく、十円玉くらいの大きさの光球でしかないのである。

それでは、その広大な草原でAが目を閉じた場合、Aにとっての宇宙はどのようなものになるのであろうか。

視覚的には当然何も見えない世界となる。

しかし、耳を澄ますと鳥の啼き声が聞こえてくるかも知れない。深呼吸をすると蒸せ返えるような草の匂いが鼻孔を突いてくるかも知れない。また、草原の風が肌や頬を撫でてくるかも知れない。

結局、それ以上の宇宙でもそれ以下の宇宙でもない。一般常識人が仮に本著を読んだとしたら、この天邪鬼の囁きは、自己中心的であり、感覚だけで事象を判断する全くナンセンスな子供じみた考えであると、一笑に附されることは間違いないであろう。

しかし、物の見方を一八〇度変えてみると、このような結論が導き出されてくるのである。

私はここで自己弁護をするつもりはないが、歴史上の偉大な思想家や哲学者においても、個人の実際認識に真実性のウエイトを置くといった考え方が既に論じられてきている。

参考までに幾つかの例をここで紹介させていただこう。

○講談社学術文庫　A・W・ムーア著　『無限―その哲学と数学―』
〈※アリストテレスの無限観として、P112より引用〉

「無限は可能的には存在するが、現実的には存在しない。少し云い換えれば、あるものは可能的には無限でありうるが、現実的には無限ではありえない。」

この思想は疑いなくアリストテレスが無限についての思索に残した最大の貢献である。

〈※ホッブスの無限観として、Ｐ１９８より引用〉

ホッブスは、前もって知覚されていないものについては概念的認識を持つことは不可能であり、それゆえ我々は無限についていかなる概念も実際には持っていないと主張した。

〈※ヘーゲルの無限観として、Ｐ２４１より引用〉

ヘーゲルにとって無限の正しい幾何学的イメージは、終ることない直線ではなく円であった。

〈※カントの無限観として、Ｐ３１８より引用〉

無限はいかなる場所においても現実化され得ない。それは自然の中に現前しないし、我々の理性的思考の内部でもその基礎として承認されうるものではない。

〈※ウィトゲンシュタインの無限観として、P448より引用〉

我々は皆……無限の可能性と有限の現実性が存在するということが何を意味するのかを知っている。

というのも、我々は時間空間が無限であると云いながら、常にその僅かな有限な部分しか見ることができず、その僅かな部分の間しか生きることができないのである。

○講談社学術文庫　西田幾多郎著『善の研究』　P155〜P156より引用

ハイネが静夜の星を仰いで蒼空における金の鋲《びょう》といったが、天文学者はこれを詩人の芸語として一笑に附するのであろうが、星の真相は反ってこの一句の中に現われているかも知れない。

私はこの章において「有限」という観念を取り上げ、敢えて天邪鬼的な考えを論じてきた。

この天邪鬼は、有限という観念もある意味においては真実ではないかと思っているのである。先に記したように、物の見方を変える事により、今までとは全く異った風景が見えてくる。

また、このような考え方を、この章で紹介したのは一つの理由がある。

詳しくは第二十一章に記してあるが、仏教には「唯識」という凄まじいというか、とんでもない思想がある。

簡単に言えば、その思想とは、この現象世界の中に私たち一人一人が存在しているという考え方が常識的な考え方なのであるが、「唯識」では、私たち一人一人の意識がこの現象世界を生み出していると主張する逆転の思想なのである。

正直言って、私はこの凄まじい思想に会って、仏教という宗教の偉大さ、自由奔放さに圧倒された。確かに「唯識」という思想は難解であるため、このぼんくら自身も、その思想をどこまで理解しているかあまり自信はない。しかし、この「唯識」という思想を知って、真実というものが絶対に一つでなくてはならないものだろうかという疑問を持つようになったのである。

私はこの章において、既成概念により真実とされている宇宙空間の無限性や時間の永遠性を決して否定するつもりはない。

自己の視覚聴覚等により認識することができる現象のみを真実とするならば、宇宙は有限となってしまい、思考力や創造力を駆使して現象を科学するならば、無限性を有する宇宙が真実となってくるのである。

これは、私がぼんくらなるが故の考え方かも知れぬが、人間という生き物は、真理というものは絶対一でなければならないという固定概念に束縛されているように思えてならない。真理とは見る角度や感じ方、考え方によって諸々の様相を現してくるものではないかとも思ったりするのである。

第十五章　真の幸せとは

最近、年齢のせいか本当の幸せ、本当の喜びとは何であるかという事をよく考えるようになった。

本当の幸せ、喜びといっても、人それぞれ価値観が異なり、大金持ちになること、名誉や権力を得ること、美味しいものを腹一杯食べること、異性にもてることｅｔｃ……、一概に定義付けることは難しいであろう。

しかし、ここでハッキリ言えることは、人間の欲望には限りが無いという事、そして、仮にその欲望が満たされた場合、その達成感の後には深い虚無感が必ず襲ってくるという事である。

「宴の後」という言葉が表わすように、快楽を極めれば、その後に襲ってくる虚無感に苦しまなければならないのである。

仏教には、中道の思想という教えがある。

この教えは、簡潔に言えば、全ての事はほどほどに、良い加減のところで止めておくという事であろう。

例えば、氷点下の冬の朝、冷えきった足の指をストーブで暖め、冷えが柔らいだときの有り難さはどうであろう。但し、そのまま暖め続ければ、その心地良さは熱さに変り苦痛となってくる。

例えば、喉が渇いてどうしようもないときに、一杯の冷水をいただいたときのその美味しさはどうであろうか。但し、二杯、三杯と飲むにしたがって水の味は落ちてくる。

例えば、貧乏のどん底にあるとき、何とか生活が成り立ってゆける程の収入を得たときの有り難さはどうであろうか。但し、それ以上収入があり、贅沢品を多く買えるようになってくると、物に対する愛情や感謝の気持ちが薄らいでしまう。

以上のことからわかるように、本当の幸せ、喜びとは、無限の快楽や富や地位を得て、それを浪費することではない。

苦になっている状況、マイナスになっている状況をプラスにではなくゼロに転換させることのできる、暖かさ、一杯の水、ささやかな収入といったものが何にも増して有り難く、本当の幸せや喜びにつながるものと考えるのである。

私は別章「涙と微笑」において同様の事を記しているが、その章においては、マイナスの状態をプラスの状態にではなく、ゼロの状態にする行為こそが、仏さまの「大悲」という最も尊い御心ではないかと主張したつもりである。

仏教の尊い教えはあまた有るが、「中道の思想」にしても「大悲」にしても、根本が同じ故に、その深いつながりというものを改めて感じさせられるのである。

さて、話は本題から少し外れるかも知れぬが、昔良く使われた言葉に「分相応」という言葉がある。

この言葉は、現代社会においては、身分制度の遺物のような感じで受けとめられており、個人の可能性を否定する言葉として、あまり良い印象を持たれていない。

確かにこの言葉の「分」という字の意味を身分というように解釈するならば、抵抗を感じても仕方がないように思うのであるが、己の器の大きさとでも解釈してみたらどうであろう。己の可能性を信じ、夢を持ち、その夢を実現するために突き進むことは誠に結構なことである。

消極的な考え方として、批難されるかも知れないが、同時に己というものの能力の限界というものをしっかり把握しておく事も必要ではないかと思うのである。

人間は各々姿形が異なるように生まれ持った才能や性格も千差万別である。

だからといって、その人の人間としての価値に上下、尊卑等の差が存在することは絶対にあってはならないことである。

生まれ持った能力や、体力が高い人も低い人も、各々の大きさの器に八分目くらいの水を注ぎ込むように加減して生きる生き方があっても良いのではなかろうか。

仏教には「分相応」という言葉に似た言葉で「足るを知る」という言葉もある。

この言葉は有名な言葉で、ここで改めてその意味を説明する気はないが、「中道の思想」とも相通じるところがあり、私の好きな言葉の一つでもある。

結局のところ、身に過ぎた欲を持つと、その欲が返って不幸を招く事になる。

己の器の容量というものを知り、水が溢れ出さぬよう注意をしておくこと、その器が欠けたり壊れたりしないよう普段からしっかり手入れをしておくことが、本当の幸せを握むことにおいて大切なポイントになるのであろう。

そしてもう一つ、不幸を乗り越えるための気持ちの持ち様ということについても付け加えておきたい。

人は生きている限り「生老病死」という苦は決して避けて通ることは出来ないと、お釈迦さまはおっしゃられている。

不幸は苦以外の何ものでもない。そして不幸は何の前ぶれもなく突然にやってくるのである。

それは地震、台風のような自然災害であったり、火事や交通事故等の人災も考えられるであろう。あるいは、自分の愛する親兄弟、子が病に罹り亡くなるという事もあるかも知れない。

また、自分自身が不治の病に罹る事もあるかも知れない。

誠に、不幸や苦の種類は数えきれない程である。

それでは、このような不幸が突然、我が身に襲いかかってきたときに、どのように対処すればよいのであろうか。

正直言って、これは大変難しい問題である。私自身、ここでどのような綺麗事を並べてみても、いざ大きな不幸が自分に襲いかかってきた場合、取り乱し、嘆き悲しむのが関の山で、その不幸を乗り越えてゆく自信など全く無い。しかし、己の気持ちの中で、不幸というものは必ずやって来るものと思い描いておく事は決して無駄にはなるまい。

先に記した「中道の思想」や「足るを知る」という仏教の教えも、不幸を少しでも軽減するうえで役に立つのではないかと思うのである。また、お釈迦さまの教えに次のような言葉がある。

「おのが心を措《お》きて、何処に拠《よ》るべきぞ　よく整えられし己にこそ、得がたきよるべを得ん。」

この言葉は、例えば己に不幸が襲ってきた場合、その不幸に対峙しなければならないのは他の誰でもない、己自身である。

己の整えられた心こそが不幸に耐え、新たな希望を見い出す大きな原動力になるという意味ではないかと思うのであるが、幸不幸の問題にかかわらず、物事を判断する最終的かつ絶対的機能は、自己の心しかないと断言されておられるのであろう。

さて、ぼんくらなりに「真の幸せとは何か？」というテーマについて、いろいろと考えを巡らせてきたが、プラス思考やポジティブな生き方がもてはやされる現代社会において、仏教における「幸せ」というものの考え方はマイナス思考あるいはネガティブな生き方的な傾向が、かなり顕著に示されているように思われる。

一般的な評価基準においても、プラス思考やポジティブな生き方をする人は、優秀な人、立派な人としての評価を受け、マイナス思考やネガティブな生き方をする人は、消極的な人、劣った人との評価を受けるような傾向が強い。

それでは何故、仏教の「幸せ」というものの考え方は、マイナス思考やネガティブな生き方の傾向が強いのであろうか。

勿論、欲望の消滅こそが心の平安を持たらすと説く、仏教の根本的な教えが源流を為していることには間違いないのであるが、そこにはもう一つの大きな流れが存在していると思われる。

これは、私の思い込みにすぎないかも知れないが、いわゆる社会的に強者と呼ばれる者は、生来的に備わった強い意志力や知恵により、幸せを希求するならば容易に手が届くものと思われる。しかし、この私も含めて、生来的に何の取り柄もない、いわゆる社会的弱者と世間から見なされている者にとっては、プラス思考やポジティブな生き方を実践することは大きな負荷となって、本人を苦しめる事が多いように思われるのである。

仏教は、強者にも弱者にも分け隔てなく慈悲の手を差しのべる平等性を重んじる宗教である。故に救いを施すとしても、よりその救いを必要とする弱者に重きをおく考え方、つまり最大公約数的な考え方に落ち着いてゆくことは、ある意味必然的な成りゆきともいえる。仏教書には「求める物が多ければ、失う物も多く、求める物が少なければ失う物も少ない」あるいは「当たり前のことを、有り難く思う」といったような、一見マイナス思考的、ネガティブな言葉がよく出てくるが、よく考えてみると、その言葉の裏には、弱き者、小さき者に対する仏さまの限りない慈悲の心が隠されているような気がするのである。

第十六章　無常と連続について

「祇園精舎の鐘の声　諸行無常の響きあり。沙羅双樹の花の色　盛者必衰の理をあらはす。おごれる人も久しからず　唯春の夜の夢のごとし。たけき者も遂にはほろびぬ。偏に風の前の塵に同じ。」

あまりにも有名な「平家物語」冒頭の一文である。そして仏典では「生者必滅会者定離」という言葉も出てくる。

全ては仏教における「無常」という教えにおいて、私たちが理解している象徴的な言葉であるということが言えよう。

ただし、この「無常」という教えは、現象界では必然的な事柄であるにもかかわらず、常にマイナスのイメージが付きまとってきた。第九章にも記しているように、ともすれば仏教は虚無的な教えだ、悲観的な教えだという在らぬ誤解が度々生じてきたのである。

仏教において「無常」という教えは、この現象界に存在する全ての事象は、一瞬たりとも止まることは有り得ず、刻々と生滅を繰り返すという教えである。

現代の科学に照らし合わせてみても誠に道理に叶った教えであるが、日本人においても「無常」という言葉から来る印象は、栄えるものは必ず滅びるという平家滅亡の悲劇のイメージがあまりにも強く、固定観念化されているように感じられるのである。

しかしながら、この「無常」という言葉を冷静に受け止めてみるならば、決して虚無的でも悲劇的でもない。

「無常」の論理からいくと、生あるもの、栄えるものは必ず滅びるのであるが、決してそのままではない。

無常であるが故に、刻々と変化するが故に、滅したものはまた生じ栄えるのである。

常では無いため、このような現象が永遠に繰り返されてゆく。

又、「無常」という現象は、一瞬の切れ目もなく連続して続いてゆく現象であると私は信じている。

本書の第八章にも記しているが、我々人間は現実社会で生活してゆくため、時間にしても空間にしても便宜上「非連続」という概念を作っている。

それは時間でいうならば、一秒、二秒、三秒……といったような時間の流れであり、時間はあたかも秒毎に非連続であるような錯覚をもたらす。

一日単位についても同じである。一日という単位は陽が昇り、朝になって一日が始まり、陽が沈み夜になって一日が終り、そして再び陽が昇り朝になって次の一日が始まるといった具合である。

この一日の流れにおいても人間が生活の便宜上、一日、二日、三日と「数」という非連続の概念を取り入れ、あたかもその非連続が真実であるかのように錯覚しているのである。空間や物の概念についても然りである。

我々人間は、この現象界に各物体が独立（非連続）して存在しているように常に認識している。特に岩や石などの無機物については何も変化せずに存在しているように考えがちである。

しかし、これらの物体についても変化していないと見るのは、あくまでも我々人間の眼・感覚を通してそう感じるのであり、実は刻々と連続した変化を遂げているのである。また空間においても例外ではない。

空間は決して無ではなく、そこには目に見えない酸素・二酸化炭素・窒素等の気体元素が存在し、熱や光、あるいは風の動き等が常に物体に対して何らかの影響を及ぼし続けているのである。

何度も繰り返して言うが、「無常」とは刻々と変化するという事である。そして、決して非連続ではなく、連続して一瞬の休みもなく変化しているという事である。

このように考えてみると、この世に存在するものは全て（例え、それがチリであろうがゴミであろうが関係ない）何らかの影響を与え合い（仏教では「縁起」と説く）連続する変化を遂げながら、この現象世界を構成しているのである。

「無常」とは決して虚無的でも悲観的な教えではない。

途切れる事なく連続し、どのようなものもその存在には意味があり、互いに影響し合い変化を繰り返してゆくという誠に道理にかなった目出たい教えなのである。

故に、このぼんくらはこの章を終えるにあたり一言だけ言っておきたい。

仏教用語である「生者必滅会者定離」という文言は、確かに真実を言い表しているが誤解を与え易く良くない。

「滅者必生離者定会」も間違いなく真実であるという事を。

第十七章　ティク・ナット・ハン師の言葉

人間という動物は、何故お互いに憎しみ合い、傷つけ合うのか？　そして、その愚行は何故永遠に繰り返され続けるのか？

このテーマは人間存在の意味を考えるうえで、最も根源的かつ深刻な問題の一つである。憎悪あるいは怒りから来る行為は、お互いに傷つけるだけではなく、最終的には殺しあいの行為にまで至ってしまう。

また、その行為が集団や国家間で遂行されることになれば、テロ行為や戦争という最も悲惨な結果を招くことになる。

仏教においては憎悪や嫉妬等の感情は全て我欲から来るものとして説かれ、その対立が暴力や戦争を生み出しているものとされている。人間は有史以来このような愚行を現在に至るまで無数に繰り返してきた。

文明や文化がどのように発達しようとも、人間の心に巣喰う我欲というものは根本的に何の変化も遂げていないのである。

我欲と我欲の対立構造というものは何故変わらないでであろうか？

人間の悲しき性《さが》であると言ってしまえば、それまでであるが、人間の理性によって解決することは出来ないのであろうか……。

話は変わるが、NHKのEテレ（教育テレビ）で週に一度「こころの時代」という番組が放映されている。

この番組は、宗教や人生をテーマとした地味な番組であるが、各回毎に異なる出演者の、ひたすら道を求める姿や思想等が淡々としたかたちで紹介されており、このぼんくらも時間の許す限り拝見させていただいている心に沁み入るような番組である。

何時放映されたのかは忘れてしまったが、ある放送回に、ティク・ナット・ハンというベトナムの禅僧が紹介されていた。

この方は、一九二六年生れということで、かなりご高齢なのではあるが、ダライ・ラマ十四世と並んで、二十世紀から平和活動に従事する代表的な仏教者である。現在（放映当時）に至ってもアメリカ、フランスを中心に活動されており、ノーベル平和賞を受賞したキング牧師にも深い影響を与えられた方であるとのことであった。

その番組では、テレビカメラが、フランスのある禅道場のような場所で、師が講堂に集った仏教徒を前に、何か説法をしておられる姿を映し出していたように記憶している。

そこで師は人の心について話をされていたのであるが、その中の一つの例え話が、今まで探し続け、どうしても見つけられなかったある答えを見つけ出す事が出来たという、大きな感動を私に与えてくれたのである。

その例え話を語る師の眼は、どこまでも柔和で、その語調は、どこまでも穏かであった。

師は一本の短いヒモを手に取られ、聴衆の前に差し出された。（別に今から手品を始めようとするのではない）そして、ヒモの両端を手でつまんで、こうおっしゃったのである。「このヒモには、左端と右端が必ずありますね。仮に左端にある考え方を正義と信ずる集団が存在するとしましょう。そして、右端には、左端と一八〇度異なる考え方を正義と信ずる集団が存在するとします。お互いの集団が自分の集団の考え方こそが正義であると信じているわけですから、ここで当然抗争なり、戦争が始まります。そして戦争の結果、左端の集団が勝利し、戦争が終ったとしましょう。当然、右端の集団は敗れたわけですから除外されますね。」といって、師は、そのヒモの左端はつまんだままで、真中の部分をハサミで切られたのである。

そうして半分の長さになったヒモの左端と右端を再びつまんで、微笑ながら、こう言われたのである。

「どうでしょうか？　ヒモは半分になりましたが、再び右端が現れましたね。」と……。その瞬間、さすがにぼんくらの私も師の伝えようとされた事が、全て理解できたような気がしたのである。

暴力や戦争により考え方の異なる者を排除したとしても、必ずヒモの右端は現れてくる。ヒモの真中をハサミで切り続けても、ヒモの右端は無限に現れてくるのである。

我欲と我欲による憎悪の対立構造は、人間が存在する限り決して消滅しない。仮に、この世の中に人間がたった一人生き残ったとしても、その者の心の中に一本のヒモが現れ、右端の考え方と左端の考え方とによって、常に葛藤が生じ、最悪の場合、自己崩壊や自殺という事態に至る事も十分に考えられるのである。

たった一本のヒモで憎悪の対立構造を説き明かす、師の人間に対する洞察力。見事という他はなく、唯、唯、驚きの声を上げる他はなかったのである。

この章では、ティク・ナット・ハン師の「ヒモの例《たとえ》」を中心に憎悪の対立構造について私の思うところを記してきたのであるが、この考えに非常に類似した概念に「二元対立の法則」という考え方がある。

この考え方は、仏教で説く「空《くう》」という仏教哲学上最も難解とされている概念にも、密接な関係があるため、次章において改めてぼんくらなりの私見を述べてみたいと思っている。

第十八章　色即是空（二元相依の世界へ）

日本人に最も馴染みの深い教典「般若心経」には、これまた日本人に最も馴染みの深い教句として「色即是空　空即是色」というフレーズが登場する。

その教句の解釈については、金岡秀友氏の著書『般若心経』（講談社文庫）に「眼で見えるものは実有ではなく、実有でないものが眼に見えるものである。」とされているが、どのような仏教の解説書を読んでも、おそらく大きな相違はないであろう。

ようするに「眼で見えるもの」が「色」に相当し、「実有でないもの」が「空」に相当すると考えられているのであるが、ただ、常識的に考えると、眼で見えるものは実際に有るものではない、実際に無いものが眼に見えるものであると説明されても「何だ、これ？」と、全くチンプンカンプンであり理解不能となってしまうのである。

そこでこのぼんくらはぼんくらなりに、「色」とは何か？　「空」とは何か？　何故「色」が即「空」なのか？　何故「空」が即「色」なのかという根本的な問題に、無謀にも蟷螂の斧を振り上げ挑んでみようと思うのである。

まずは「色とは何か？」という問題から順を追って整理をしてみようかと思うのであるが、先にも記したように、一般的には眼で見えるものが色であると解釈されている。

しかし、ぼんくらなりに解釈すれば、色とは眼で見えるものの他、意識的、観念的なものも含めて身体で感ずる事の出来る全ての感覚（触覚、聴覚、味覚、嗅覚）を含むものであると拡大的に捉え、更に簡潔に言い表わすならば、この世の全ての現象が色に相当するのではないかと考えるのである。

また、更にその現象について思いを巡らしてゆくと、現象には必ず表理の二面性があることに気付いてくる。

例えば、光があって闇がある。楽があって苦がある。動があって静がある。高があって低がある。大があって小がある。暑があって寒がある。長があって短がある。香があって臭がある。プラスがあってマイナスがある。

このように形而上のものであれ形而下のものであれ、数え上げればきりがない。

ある本で著名な仏教哲学者が、現象の二元対立性について解説されていた事を記憶しているが、その趣旨はと言うと、我々の認識する現象世界は全て表裏の存在する二元対立の世界であって、Ａ（表）という観念は対極にＢ（裏）という観念が在るからこそ成り立つということなのである。

なるほど、光と闇の現象を例にとっても、光度が強くなればなるほど光の当たっていない部分の闇は深くなる。

また、仮に光のみが存在し、闇のない世界を想像してみるとどうであろうか？　闇という光の対極にある現象が存在しないとなると、感覚的にも論理的にも、もはや光を光として認識することは不可能になってくるのである。

このようなことから「色」とは現象世界そのものであること、そして現象世界は例外なく二元対立（表裏）の世界観を成しているという事が比較的容易に想像出来るのである。

それでは「空とは何か？」という問題になってくると、たちまち大きな壁が眼前に立ちはだかってくる。

これも、先ほどの仏教哲学者の解説に基づくのであるが、「空」は二元対立の世界を超えた一元的な世界であると述べておられた。その一元的な世界とは、自己と宇宙が同化した世界であるとも説明しておられたように思うが、その世界を体験出来る人がこの世の中に一体どれだけいるだろうか？

それこそインドのヨガの行者や、禅の偉い坊さんならともかく、我々一般大衆には全く雲を握むような話なのである。

このぼんくらも、身の程を知らずにも、このとてつもない「空とは何か？」という難問に挑戦してみた。

私見については全く的外れな見解であると一笑に附していただいたら、それで結構なのであるが「空」という世界観をこのように捉えた人間がいたのだと、頭の片隅にでも留めてもらえることが出来たならば誠に幸いである。

さて、それでは私が辿り着いた「空」の世界観というものを少し披瀝してみたい。

まず「空」という概念は、古代インドのサンスクリット語においては「シューニャ」と表現されている。また面白いことに、数字のゼロも、古代サンスクリット語では「空」と同じく「シューニャ」と表現されているのである。

承知のとおり「ゼロ」という数字あるいは概念はインド人が発見したとされているが、現代においては常識的には「ゼロ」＝「無」というように解釈されていると考えて良いであろう。例をあげれば、何も無いところからの出発を「ゼロからの出発」とも言うし、数字の世界においても、一般的にはゼロという何も無い世界を基点として一、二、三……という「有」の世界が生まれてくるものと考えられている。

偶然かどうかわからないが、仏教における「空」の概念は往々にして「無」（＝「ゼロ」）という概念と同一視される場合が多いのであるが、前述した二元対立の世界を超えた二元的な世界が「空」であるという説明からすると、「空」≠「無」であることは間違いないように思われる。

そのため、「ゼロ」という数字は本当に「無」以外の何ものでもないかという事についても、もう少し掘り下げて考えてみる必要があるのではないかと思うのである。

まず、このぼんくらの頭に真先に浮かんだ事は、我々が存在している世界で「ゼロ」はどのような位置を示しているかという事である。関数グラフでイメージしてみるとわかり易いのであるが、この世界は誰もが知っているとおり時間と現象（精神的現象も含む）で成り立っているとされている。（別図参照）

仮に、縦軸を時間とし、横軸を現象としてみよう。関数グラフの真中に各々縦軸と横軸を引いてみると、両軸の交わった点がゼロとなり、時間軸で言うとゼロ点より上の部分（現象軸よ

〔別図　関数グラフ〕

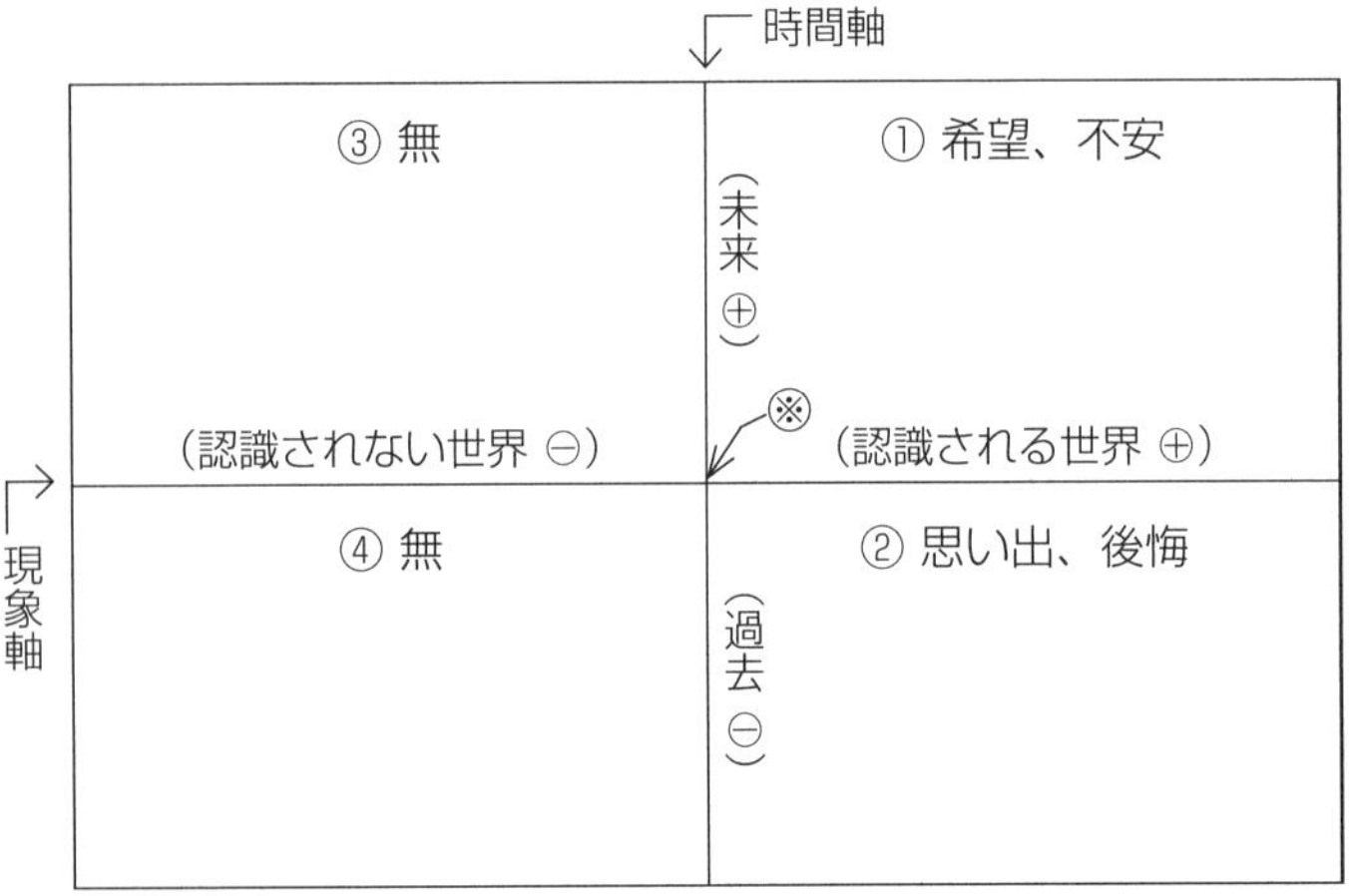

※実在点（０点）；「存在」とは実在点そのものであり、その位置（０点）が移動することは決して在り得ない。

り上の部分）が未来となり、下の部分（現象軸より下の部分）が過去となる。

　現象軸の説明については少しややこしくなるが、ゼロ点より右の部分（時間軸より右の部分）が自己主観により認識される世界、左の部分（時間軸より左の部分）が自己主観で認識されない世界と定義付けたいのである。

　これだけでは、まだ説明が充分でないので、縦軸（時間軸）と横軸（現象軸）で区切られた四枠の意味について説明を加えてみよう。まず関数グラフの右上にある枠（①枠）であるが、この枠は時間軸の未来にあたる部分線と現象軸の自己主観により認識される世界にあたる部分線によって成り立っている。

　この枠が意味するものは、未だやって来ない未来であり、自我が思い描く希望や不安あるいは妄想を表わすものとしたい。但し、その思念は現時点の瞬間々々に生じては消えてゆくものであるため、実際には①枠というものは存在しない。

次に関数グラフの右下にあたる枠（②枠）であるが、この枠は時間軸の過去にあたる部分線と現象軸の自己主観により認識される世界にあたる部分線により成り立っている。

この枠の意味するものは過ぎ去った過去であり、自我の記憶や、後悔の念を表わすものとしたい。但し、その思念は現時点の瞬間々々に生じては消えてゆくものであるため、実際には②枠というものは存在しない。

そして次に関数グラフの左上にあたる枠（③枠）についてであるが、この枠は時間軸の未来にあたる部分線と現象軸の自己主観により認識されない世界にあたる部分線によって成り立っている。

この枠の意味するものは未だにやって来ない未来ではあるが、もともと認識されないため③枠というものも元々存在しないことになる。最後に関数グラフの左下にある枠（④枠）であるが、この枠は時間軸の過去にあたる部分線と現象軸の自己主観により認識されない世界にあたる部分線によって成り立っている。この枠の意味するものは過ぎ去った過去を表わすものであるが、③枠と同様に元々認識されていないか、自我の忘却した記憶であるため、④枠というものも元々存在しないのである。関数グラフを使用して、時間と現象の関係性を説明させてもらったが、この関係性は「空」という概念を理解するうえで非常に重要な部分であると思う故、更に具体的な例を掲げて説明してみたい。

仮に、ここにAという旅行好きな男が居たとしよう。そのA氏は、ある日ある時に自分の部屋の中で、今までに行った旅先の思い出や、これから行こうとする訪問先での事を、あれやこれやと思い巡らせていた。

さて、この場面を先に掲げた関数グラフの四枠に当てはめてみるとどのような事になるのであろうか?

この場面ではゼロ点は、A氏がある日ある時、自分の部屋に居る瞬間ということになるであろう。そして枠①(未来・認識現象)はA氏がこれから行こうとする旅先での事を、あれやこれやと思いを巡らせていることであり、枠②(過去・認識現象)は、A氏が今までに行った旅行の記憶を思い起こしていることになるであろう。

また、枠③(未来・非認識現象)、枠④(過去、非認識現象)については、もともとA氏の心の中に浮かんでいない事象か忘却された記憶であるため、認識の対象外となる。

この具体例でわかるように、至極当たり前の事ながら、A氏は「ゼロ点」である瞬間の連続において①枠や②枠の事を考えているため、「ゼロ点」(瞬間)の連続において、時間及び現象の全ては完結されるのである。

このことからハッキリ言える事は、関数グラフにおいて過去や未来の現象は一見存在し得るように見えるが、実際には存在しない。

現実世界においても存在するものは瞬間（ゼロ点）の連続のみであり、過去や未来の現象は存在し得ないのである。

このように時間軸と現象軸から「ゼロ」という観念を考慮してみると、ゼロは現実世界においては決して「無」ではなく瞬間そのものではないかと思うのである。瞬間は時間的にも現象的にもゼロではあるが「無」ではなく「全て」なのである。

ここで話は少し横道に外れてしまうが、我々人間という動物は、現実社会において生きてゆくための便宜上の知恵と言うべきか、物事を考えるにあたって「始め」と「終り」（あるいは「表」と「裏」）を強く意識する直線的思考の傾向が強いように思われる。

その傾向は常識的に無限としか考えられないような現象についても「始め」と「終り」を取り決めようとするものであるが、代表的な例として数・時間・宇宙の概念について最も顕著に現れているように思える。

まず、数の世界については、「ゼロ」からスタートして一、二、三……億、兆、京、垓と、その数値の単位は無限に膨らんでゆくが、いろいろ調べてみると、どうやら「無量大数」という数の単位が数の終りとされているようである。因みに無量大数という数の単位は十の六十八乗ということであるが、我々に馴染みの深い億という数の単位が十の八乗、兆という数の単位が十の十二乗ということであるので、無量大数という単位が如何にとんでもない数値であるかということは容易に想像できるであろう。時間と宇宙については、お互いに不離の関係にあるため、時間の始まりが宇宙の始まりであり、時間の終りが宇宙の終りと考えて差し支えないものと思われる。

それでは、時間と宇宙の始まりは一体何時からであろうか？

科学雑誌等を読んでみると諸説あるが、ホーキング博士が唱えておられた概ね一三八億年前に起きたビッグバンにより時間と宇宙が始まったとする説が定説として認知されつつあるように思われる。

時間と宇宙の終焉は何時か？ということについては、これまた諸説が有り、現代の科学においてもハッキリわかっていないようである。しかしながらビッグバンという宇宙の始まりの現象が一般的に認知されつつある状況、そして現時点においても宇宙は膨張しつつあるという事実からしても、仮に時間と宇宙に終焉があるとしたら、ある仮説で唱えられているように、宇宙が最大限まで膨張すると、それ以後は逆に収縮が始まり、最終的には消滅してしまうという事になるであろう。

この宇宙の終焉の現象はビッグバンに対して、ビッグクランチと呼ばれているが、個人的には、今から何億年、何兆年先のことかわからないが、仮に宇宙に終焉があるとしたら非常に面白い説であると思うのである。

かなり話が横道に外れてしまい恐縮の至りであるが、先に記したように私たち人間は現実社会（「色」の世界と言っても良いであろう）で生きてゆくうえで、どうしても「始め」と「終り」といったような……、言い換えれば「始点」と「終点」により完結する直線的思考法で現象そのものを捉えてしまう傾向が強い。まさにその「始め」と「終り」がある考え方こそ二元対立の世界観であり、何度も繰り返すが、同様に生と死、有と無、表と裏、光と闇、強と弱、プラスとマイナス等、全ての概念や観念において二元のうち一つを好しいもの、対極にあるもう一つを好しくないものとして、無意識的に対立的な価値観を持って生きているような気がしてならないのである。

さて、随分と遠まわりをしてきたが、ここから漸くぼんくらなりの「空」についての私見を記してみようと思っている。

但し、これは飽くまでも独断と偏見による私見であり、過去幾多の先賢が築き上げられてきた「空」の理論に異を唱えようとするものでは決してない事を念のため申し上げておく。

まず、「空」の世界を理解するうえで、このぼんくらは次にあげる三つの世界観というキーワードが存在すると考えている。

まず一つ目のキーワードとして「ゼロの世界」を掲げてみたい。前述したように「ゼロ」は「今」という瞬間そのものであり、全てを含む概念下の数字であると私は考えている。もし「ゼロ」が全てを含む概念の数字であるとしたら、数字の最大の単位は「無量大数」ではなく「ゼロ」という事になるであろう。

「ゼロ」は「無」でもあり、全てを含む最大の数値の概念でもあるのである。

そして、二つ目のキーワードとしては、「円環性の世界」を掲げたいと思う。

先にも述べたように、私たちの思考形態は、この現実世界（色の世界）においては「始め」と「終り」というものを設定する直線的思考の習性が強く作用するように考えられる。故にティク・ナット・ハン師が説かれたように（本書第十七章参照）一本の直線（ヒモ）には必ず始点と終点が存在し、その二元が対立することによって、仏教でいう三毒（貧《とん》・瞋《じん》・癡《ち》）が生じてくるのである。

そこで、その二元対立を解決するにはどうしたら良いか？という事であるが、図形で表現すると直線（ヒモ）の端と端をつなぎ合わせるだけで意図も簡単に解決するのである。

円という図形を一目見ればわかることであるが、円の線上においては何処にも始点や終点は存在しない。

数字の世界と同じように、円の線上のある位置にゼロ点を設定してみると、ゼロ点からスタートして再びゼロ点に回帰してきてしまうのである。

要するに円という図形は始点も終点も無い世界、無限あるいは永遠の世界、そして二元的な対立の無い世界を象徴しているのである。この論理で考えると、時間の流れ（仮に時間というものが在るとしたら）や宇宙の拡がりについても同じ事が言えるのではあるまいか。

仮に宇宙の誕生がビッグバンによるものであるとしたら、その拡張がある限界点に達するとビッグクランチという宇宙の収縮現象が始まり、やがては消滅し、その発生と消滅の現象が無限に繰り返されるという仮説も、まさに始めも終りもない円環運動であるという事が言えるのではないか。

また、ある科学者の説では、宇宙は球体をしているという説や、ドーナツ状をしているという説もある。これらの説においても、仮に地球からロケットを飛ばして一方向に進んだ場合、何時かは再び地球に戻って来るという円環の世界の論理になるのである。

そして最後に掲げたいのが「二元相依の世界」である。

この論理は本書第十三章「自性と非自性」においても記したように、二元対立の世界（現実の世界）において起こる対極する二つの現象あるいは観念は、一元（単独）のみでは決して成り立つことが出来ない非自性のものであると考える。

光があるから闇がある、生があるから死があるというように、光も闇も、生も死も、そしてこの現実世界で起こり得る全ての現象は対極に位置する非自性のものが相依して初めて成り立つものと考えるのである。

つまり、この現実世界で起こる現象を二元対立のものとして認識するか、二元相依のものとして認識するかによって二元対立の世界から二元相依の世界（一元的あるいは空の世界）への展望が開けてくるのではないであろうか。

空の世界とは、一体どのような世界であろうか……？という命題について「ゼロ」「円環性」「二元相依」の三つのキーワードが一元的世界（空）に通ずるものとして持論を展開してきたわけであるが、当然この三つのキーワードからなる空観は私個人がイメージする自己満足的なものであり、およそ仏教の解説書で説かれている空観とはかなり異質なものであるという事をあらかじめご理解願いたい。しかしながら唯一自信を持って言えることは、空の本質を貫く言葉はまさに般若心経で説く「色即是空　空即是色」以外の何ものでもないという事であろう。

このフレーズに使用されている「即」という言葉の意味は「イコール」と解釈して概ね間違いはないように思われる。

要するに「色（現実世界）＝空（二元的世界）　空（二元的世界）＝色（現実世界）」という事であり、「空」という特別な世界が別に存在するものでは無いという事を般若心経はハッキリ説いているのである。

問題は私たちの主観が現実（色）の世界をどのように認識するかという事であろう。

その認識レベルによって、色（現実）は色（現実）の世界であり続けるかも知れないし、色（現実）が空（二元的世界）に変化してゆくかも知れないのである。

長々とぼんくらなりの「空」に対する考えを記してきたが、「空」という概念の創始者であり、大乗仏教の始祖でもある龍樹菩薩（ナーガールジュナ）の言葉を文末に紹介させていただき、この章を終えることとしたい。

○講談社学術文庫　中村元著『龍樹』　P320より引用

〈龍樹著「中論」より〉

「宇宙においては何ものも消滅することなく、何ものも新たに生ずることなく、何ものも終末あることなく、何ものも常恒であることなく、何ものもそれ自身と同一であることなく、何ものもそれ自身において分かれた別のものであることはなく、何ものもわれらに向かって来ることもなく、われらから去ることもない、戯論《けろん》の消滅というめでたい縁起のことわりを説きたもうた仏を、もろもろの説法者のうちでの最も勝れた人として敬礼《きょうらい》する。」

〈同書　P446より引用〉

「空はすべてを抱擁する。それに対立するものがない。その空が排斥したり対立するものは何もないのである。

実質についていえば、空の真の特質は、「何もないこと」であると同時に、存在の充実である。それはあらゆる現象を成立せしめる基底である。

それは生きている空である。あらゆる形がその中から出て来る。

空を体得する人は、生命と力に満たされ一切の生きとし生けるものに対する慈悲をいだくことになる。

慈悲とは、「空」―あらゆるものを抱擁すること―の、実践面における同義語である。

大乗仏教によると、あらゆるものが成立する根本的な基礎は「空」である。

だから、「空を知る」ということは「一切智」〈全智〉とよばれる。

第十九章　愚鈍な弟子の説話

「愚鈍な弟子の説話」は仏教に関する説話の中で、私の最も好きな話の一つである。この説話についての所感を記す前に、まずこの説話の粗筋を簡単に紹介してみようと思う。

○岩波新書　渡辺照宏著『お経の話』　P88～89より引用

《愚鈍な弟子の説話》より

パンタカという二人の兄弟がいた。兄のパンタカは早くから仏陀について出家して、すでに聖者の境地に達していたので、弟のパンタカも出家させ修業の道に入らせることにした。

出家したものは、まず一つの短詩を暗記することになっていたので、兄は弟につぎのような詩を教えた。

「身と言葉と心で悪いことをしなければ世の生きものを悩ますことはない。

正しく念じて欲望の対象が空しいことを知るならば無益の苦しみはきっと遠ざかるに違いない。」

弟のパンタカはこの詩を繰り返して唱えたが、どうしても暗記することができない。こうして三ヵ月たつうちに近所にいる牧人たちはみな自然に覚えてしまったが、当の弟のパンタカはそれが覚えられない。弟のパンタカは教えられた短詩をどうしても覚えられなかったので、さすがの兄も怒り「おまえのような愚かものは仏の道に志してもだめだ」とののしった。叱られた弟のパンタカは部屋の外に出て声をあげて泣いているところに仏陀が通りかかり、このことを聞いて励まされた。

仏陀はアーナンダ（仏陀の十大弟子の一人）を呼び、指導するようにと命令された。アーナンダが文句を教えて覚えさせようとしたが、ついにさじを投げてしまった。そこで仏陀は弟のパンタカを呼び「私は塵を払う。私はよごれをきよめる。」という二句だけを暗記させたが、彼はこの二句さえも覚えることはできなかった。仏陀は修業者の履きものの塵をはらいながらこの二句を唱えるようにとパンタカに命令された。

パンタカは命令を一所懸命に実行しているうちにとうとう二句を暗記した。

そのうち、この二句を機縁として、心のよごれ―むさぼりと、怒りと、愚かさ―の本質を達観し、たちまち聖者の境地に達することができた。

という物語である。このぼんくらも六十余年に至る自分の人生を振り返ってみるにあたり、己の意志の弱さ、頭の悪さ、運動神経の悪さ等々の劣等感・コンプレックスに常に悩み、卑屈になり、又、他人からの言動に対して屈辱感をいやというほど味わってきた。

お釈迦さまの教えは、この説話が示唆するように小さき者、弱き者に手を差しのべる教えである。どのような者に対しても聖者になれる道を指し示し、どのような者に対しても無限の慈悲を施されるのである。

この人間社会は弱肉強食の世界である。

うわべでどのようなキレイ事を並べたてようと結局のところは、頭の良い者、意志の強い者、肉体の優れた者、見目形《みめかたち》の良い者が強者であり、その他の者は弱者なのである。

嗚呼……、この世の中には人知れずに生まれ、人知れずに死んでゆく弱者、敗者と呼ばれる人々が一体どれほどの数、存在するのであろうか……。

弱者、敗者の中においても悩み苦しみは千差万別であり、その程度や内容においても、どれ一つ同じものはないであろう。

故にお釈迦さまは、パンタカに僅か二句の言葉を暗記させ実践させたのである。

まさにパンタカの生まれもった能力に合った教えを無限の慈悲心をもって説かれたのである。

お釈迦さまの説法は「対機説法」あるいは「応病与薬の説法」として有名であるが、これは言い換えるならば身の丈に合った説法と言う事ができるであろう。

取り方によっては、身の丈に合ったという表現は、差別的な表現方法であると批判されるかも知れないが、このぼんくらはそうは思わない。人は生まれながらにして、能力や体力、また本人を取り巻く生活環境などにより、あらかじめ定められた「器」というものがある。問題は「器」の大小ではなく、その「器」にどのような水を満たす事が出来たかどうかという事ではないだろうか。

確かに現実の人間社会では、大きな器を持った者が評価され人生の成功者となる場合が多いことは否めない。

しかし、大きな器を持った者でも、その中に水を入れようとしない者や、濁った水しか入れない者も大勢いるのである。

また、小さな器しか持っていない者であっても、その器の手入れを常に怠らず、清浄な水を満たし人知れず生きている者も大勢いる。お釈迦さまはこの説話の中において、どのような大きさの器であっても、器には各々の美しさがあり、その器の大小により器の価値を判断することは決して出来ない。本当の人間の価値というものは器の大きさには関係なく、その器に清浄な水を満たすことが出来るかどうか、そしてその器の手入れを怠りなくし続けることが出来るかどうかという事によって決まるというお気持ちを示されたのではないだろうか。

第二十章　常不軽菩薩について（雨ニモマケズ）

「雨ニモマケズ」という詩がある。あまりにも有名な宮沢賢治の詩である。

宮沢賢治という人は詩人であり、「風の又三郎」「銀河鉄道の夜」「セロ弾きのゴーシュ」等を書いた童話作家でもあるということは誰もが知っている。そして誰しもが一、二度それらの作品に目を通した記憶があるのではないだろうか。

例外に漏れず、この私もそのうちの一人であったが、残念ながら生来のぼんくら故に、宮沢賢治の持つ独特の世界観を理解することが出来ず、何時の間にか私の記憶からはすっかり消し去られていた。（宮沢賢治の話はひとまずここで置くとする）

そうこうするうちに私も初老にさしかかり、自分の人生の意味というものを、もう一度見つめ直すうえで、何げなく手に取った仏教書に今まで目にしたことのなかった仏さまの御名前を拝見したのである。

その仏さまは常不軽《じょうふきょう》菩薩と言われた。法華経の常不軽菩薩品に説かれている仏さまであり、お釈迦さまの前世のお姿であるとも紹介されているのであるが、少し風変りな「常不軽《じょうふきょう》」という御名の由来を読んで、何とも異様な気持ちに襲われたのである。

まず「常不軽」の意味であるが、直約すれば「私は何時もあなたの事を軽く見ていませんよ！」という意味になろうか。

要するに「私は決してあなたの事を軽く見ていません。常にあなたの事を敬っております。」という事なのである。そして、常不軽菩薩の短い説話も紹介されていた。

その内容はと言うと、はるか昔、インドのある城下街で常不軽菩薩が雑踏を行き交う人々の全てにひれ伏し、「私は決してあなたの事を軽く見ていません。常にあなたの事を敬っております。」と言い続ける……。

唯それだけの話である。現実社会において、このような人が居たら、私たちはどう思うであろうか？　誰もが気持ち悪がって、その人を避けて通るか、無視するかのどちらかであろう。

この説話においても結局同じであった。常不軽菩薩は、やはり狂人扱いされ、街の人々から罵詈雑言を浴びせかけられ、杖や枝、瓦石をもって迫害されたと伝えられている。何と不器用で、格好の悪い菩薩さまなのであろうか。

この菩薩さまは、市井《しせい》の人々から蔑まれ、狂人扱いされ、暴力を振るわれても、ひたすら「私はあなたを軽く見ていません。常にあなたのことを敬っております。」と言い続け、そしてひれ伏すのである。

そこで、もう少し常不軽菩薩のことを調べてみた。この菩薩さまは、法華経に説かれている菩薩だけであって、日蓮宗において特に大切にされているようなのである。

伊豆に配流されてなお、己の自説「立正安国論」の正当性を微塵も疑うことのなかった日蓮上人の存在や、後世に江戸幕府より苛酷な弾圧を受けた日蓮宗の一派である不受不施派事件を思い起こしてみると、その信仰の激烈さ、物狂おしさからして、常不軽菩薩の御心と一脈通じるものを感じるのである。

また、余談ではあるが、この菩薩さまは観世音菩薩・地蔵菩薩等、大乗の諸菩薩と同じように法身仏（人間の創造上の仏さまとでも言おうか）であると考えられているのであるが、私の知っている限りにおいて、その姿は一般的な仏像のように高貴なお姿で祀られているものはほとんど無い。僅かに日蓮宗の寺院に安置されている像を写真で見たことがあるが、そのお姿は菩薩さまの尊いお姿というよりは、非常に人間臭い乞食坊主の姿として作られているのである。

何故、あまた居られる大乗の菩薩さまの中で、この菩薩さまだけが乞食坊主のお姿なのか？

何故、この菩薩さまが日本を問わず諸仏教国において信仰の対象として拡がる事が出来なかったのか？　考えてみれば、不思議な事の多い菩薩さまではある。

さて、余談はこのくらいにしておくとして、更に調べてゆくうちに、冒頭で記した宮沢賢治と常不軽菩薩が深い縁で結ばれていることがわかってきたのである。

その書物によると、宮沢賢治という人は若い頃より日蓮宗に帰依し、常不軽菩薩に心酔していたようである。

また、彼はこの菩薩のように生きたいと手帳に書き、常に持ち歩いていたというエピソードも紹介されていた。

成程、そのような知識をあらかじめ得て、彼の「雨ニモマケズ」の詩を再び読んでみると、この詩の本当の意味がこのぼんくらにもわかってくるような気がするのである。

この詩に出てくる「デクノボー」と呼ばれる人は、まさに常不軽菩薩なのである。

そして、この詩は常不軽菩薩の御心を見事なまでに表現しているのである。

では、この菩薩の御心とは何であろうか？　それは言うまでもなく、仏の大悲であり、大乗の教えの真髄ともいえる利他の心であろう。しかも、その御心は「あなたを救ってあげましょう」「あなたに寄り添いましょう」という上からの視点に立ったものではなく「どうかあなたを救わせて下さい」「どうかあなたに寄り添わせて下さい」というように、常に下から見上げる視点から湧き出てくる思いなのである。

狂気と言えるまでの激烈な大悲心、利他心を、その御心に宿された常不軽菩薩。

宮沢賢治という人は、この菩薩の御心に己が想い描く理想の人間像を見い出し、更に常不軽菩薩と自己との同一化を激しく希求していたのではないだろうか。

雨ニモマケズ

作　宮沢賢治

雨ニモマケズ
風ニモマケズ
雪ニモ夏ノ暑サニモマケヌ
丈夫ナカラダヲモチ
慾ハナク
決シテ瞋ラズ
イツモシヅカニワラッテイル
一日ニ玄米四合ト
味噌ト少シノ野菜ヲタベ
アラユルコトヲ
ジブンヲカンジョウニ入レズニ
ヨクミキキシワカリ
ソシテワスレズ
野原ノ松ノ林ノ蔭ノ
小サナ萓ブキノ小屋ニイテ

東ニ病気ノコドモアレバ
行ツテ看病シテヤリ
西ニツカレタ母アレバ
行ツテソノ稲ノ束ヲ負ヒ
南ニ死ニサウナ人アレバ
行ツテコハガラナクテモイイトイヒ
北ニケンクヮヤソショウガアレバ
ツマラナイカラヤメロトイヒ
ヒデリノトキハナミダヲナガシ
サムサノナツハオロオロアルキ
ミンナニデクノボートヨバレ
ホメラレモセズ
クニモサレズ
サウイフモノニ
ワタシハナリタイ

第二十一章　唯識について（最終章への道程）

この「ぼんくら仏教論」も、いつの間にか本章で二十一章を数えることとなり、次章でいよいよ最終章となる。

今更ながら、小学生の作文レベルの内容を恥ずかしげもなく、よくここまで書き進めて来たものだと冷汗が出る思いであるが、ぼんくら故の面《つら》の皮の厚さに免じて、どうかご容赦をいただきたい。

さて、この章では大乗仏教哲学の根本とされ、とんでもなく難解とされる「唯識」という思想について簡単に紹介してみたい。

当然のことながら、この思想は私ごときぼんくらの頭では理解不能な事ばかりであり、その深淵を覗き見ることなどは到底不可能である。しかしながら、最終章でこのぼんくらが最も大きな魂の叫び声を発するためには、どうしても前段において、この唯識という思想の沿革と内容を紹介しておかなければならない。前述したように唯識という思想はとんでもなく難解な思想である。

本来ならば自分の言葉や考えにおいて、唯識を論ずべきところではあるが、残念ながら仏教哲学の極々上部《うわべ》の部分を少しばかりかじったくらいの私の浅薄な知識では、とても手に負えるような代物ではない。

そこで、誠に情けない話ではあるが、唯識の沿革と内容については、エッセンスの部分のみを、著名な仏教哲学者である横山紘一氏及び三枝充悳氏の著書より一部引用させていただいているので、何卒ご了承願いたい。

一　唯識の沿革

○講談社学術文庫　横山紘一著「唯識の思想」　P15～P17より一部引用

唯識思想はインドにおいて、マイトレーヤ（弥勒：BC三五〇～四三〇）、アサンガ（無著：BC三九〇～四七〇）、ヴァスバンドゥ（世親：BC四〇〇～四八〇）の三人によって宣唱され、特にアサンガとヴァスバンドゥの兄弟によって体系化されたと言われている。

兄アサンガの代表作は「摂大乗論」であり、この書によって唯識説がほぼ組織的にまとめあげられた。これを受けて弟ヴァスバンドゥが「唯識二十論」の中で「外界には事物は存在しない」という唯識無境の理を論証し、外界実在論を破斥した。

そして晩年、わずかに三十の中に唯識の教理と実践と悟りとを巧みに表した「唯識三十頌《じゅ》」を著した。

また、唯識思想は玄奘三蔵によって十七年もの長きにわたるインドへの求法の末中国にもたらされた。

中国において唯識思想は、玄奘から弟子の慈恩大師《じおんだいし》、窺基《きき》に受け継がれ、法相宗という宗派が創設されることになる。

また、日本においては七世紀半ば頃伝来したとされており、奈良の南都六宗の内の一宗派を形成していたことにおいても有名である。

二　唯識の思想

（一）人間は自分という牢獄に閉じ込められた囚人である

（〇同書　P18より一部引用）

まず理解すべきは「一人一宇宙」という事実です。ふつう私たちは、一つの共通の空間、広くは宇宙の中に住んでいると思っています。「百数十億年前に起こったあのビッグバンによって、いまこの宇宙は膨張し続けている。この広大無辺な宇宙の中に、一人の小さな存在として自分はいまここに生きている」と私たちは思っています。

でも、そのような一つの共通な宇宙といったものは、人間同志が言葉で語り合うことによって「ある」と認めあった宇宙であり、いわば抽象的な存在です。

それとは全く次元を異にしたもう一つの宇宙、すなわち具体的な宇宙があるのです。それはその中に「自分」が閉じ込められ、自分のみが背負って生きていかなければならない宇宙です。朝、深い眠りから目を覚まします。そのとき、その人の宇宙が、いわばビッグバンを起こして再び生じたのです。

科学の宇宙論がいうビッグバンは確かにあったかもしれません。しかし、各人が毎朝経験する一人一人のビッグバンのほうが具体的な出来事です。この個人のビッグバンによって生じた宇宙の中に住するのは自分一人であり、決して他人が入ってくることはできません。ほんとうに一人一宇宙なのです。このことを「人人唯識」といいます。

《ぼんくら補足》

横山紘一氏という仏教哲学者は「唯識」においては、現代最高の権威の一人であると私は認識している。

横山氏は当該引用文において記されているように、目が覚めた時が宇宙の始まり、意識の覚醒をビッグバンと表現されている。

しかも横山氏は、この現象を決して例話《たとえばなし》として述べておられるのではない。個人の宇宙における実際に起こったビッグバンであると表現されているのである。

何とわかり易い説明であろうか。少なくともこのぼんくらは、この説明において、個人の宇宙あるいは個人が認識するあらゆる現象というものは、それ自体が存在しているわけではなく、全て個人の心というか、意識が生み出しているという事を理解し得たのである。この唯識という思想は、我々現代人の常識ではとても受け入れ難いものであろう。

その真偽はともかくとして、この思想の衝撃性は、天動説を否定した地動説に比較しても、それをはるかに凌駕していることには間違いあるまい。

さて、唯識という思想は前述したように、紀元四百年頃、主にアサンガとヴァスバンドゥにより体系化された大乗仏教の根本を為す偉大な思想である。

横山氏の著書に触れることによって、唯識という思想の概観がおぼろげながら見えてきたのであるが、ここで意識あるいは心というものはどのようなものであるかという事について、もう少し踏み込んで考えてみる必要性があるように思われる。

そのため、三枝氏がその著書「世親」において、ヴァスバンドゥ（世親）の思想を詳しく解説されておられるので、その中から重要と思われる部分を五点ばかりピックアップして紹介させていただくこととする。

（二）倶舎論《くしゃろん》（ヴァスバンドゥ著）の宇宙観

○講談社学術文庫　三枝充悳著「世親」　P106より一部引用

倶舎論では、宇宙の基盤体が形成されている原因として、「あらゆる生きものに共通する業《ごう》の力」が考えられている。

「業感縁起《ごうかんえんぎ》」という言葉でいい表わされるように、仏教はあらゆる現象は生きもの（有情）の行為（業《ごう》）によって生成されると主張する。このうち個人とのみかかわる現象は、その個人に特有の業が原因となって生成されるが、自然界、広くは宇宙という、あらゆる生きものが共通する現象は、あらゆる生きものに共通の業によってひきおこされるという。宇宙ができ上がる原因は何か？原動力は何か？われわれはこれに対してあるいは自然科学的に、例えば宇宙膨張説でもって答えようとする。あるいは宗教的に神の創造説によって答えることもできよう。

仏教はそのいずれでもない。「あらゆる生きものの共通の業力」という注目すべき考えでこの問題に答える。

（三）生死輪廻の機構について

（同書P112より一部引用）

仏教では、我（アートマン）は決して存在しないと主張する。

しかし、我がなければ生死輪廻してゆくところの主体は何かという難問が生じる。

これに対して「倶舎論」でヴァスバンドゥは「我は存在せず。煩悩と業によって形成される蘊《うん》のみがある。」つまり、存在するものは、自己を構成する色・受・想・行・識という五つの構成要素すなわち※五蘊《ごうん》のみである。（※詳細は文尾に掲載）

しかも、それらの五蘊は刹那に生滅するものであるから、五蘊から構成される自己存在の中には不変的、実体的な我というものは存在しない。つまり、生死輪廻の過程において、輪廻の主体となるような一定不変の我というものは実在しないと主張する。

そして、五蘊から構成される現在の自己存在は、過去世の煩悩と業とを原因として形成され、さらに現在世の煩悩と業とを原因として、未来の自己存在が形成される。

（※―五蘊説―　同書P95より引用）

①色・・・色とは物質をいう。肉体を形成する五つの感覚器官も含む。
②受・・・受とは、苦しい、楽しい、苦しくも楽しくもないという三つの感受作用をいう。
③想・・・想とは対象が何であるかを認知する知覚作用をいう。
④行・・・行為を生み出す意志作用をいう。
⑤識・・・識とは、広く感覚・知覚・思考作用を総称したもので認識作用一般をいう。

（四）世親が部派仏教（経量部）に在籍時に学び、後に「アーラヤ識」の原形となった思想について

（同書　P117より一部引用）

経量部は、たとえば布施を行った場合、布施という行為の本質である思が種子を熏じ、その種子が「相続転変差別」して、未来に福業増長という結果を生ずると説く。

ここにいう「相続転変差別」とは熏じられた種子が刹那生滅をくりかえしつつ存在しつづけ、前後に変化しつつ、最後に新たな結果を生ずる特殊な力をもつにいたる種子の潜在的過程を表わす軽量部独特の用語である。

この説が「唯識二十論」の思索を経て、最終的に「唯識三十頌」に世親のオリジナルとして応用される。

（五）輪廻の主体としてのアーラヤ識

（同書　P132～P133より一部引用）

われわれは、なぜ生死輪廻をくりかえしているのか。この問いに対して仏教は総じて「業《ごう》感縁起《かんえんぎ》」という考えで答える。

すなわち自己存在という結果を生み出し、その存在の質を決定するのは業（行為）であるという考えである。

たとえば、この世で善き行為を、あるいは悪い行為を行えば、それに応じて来世を善き生存状態、あるいは悪い生存状態に生まれると考える。ここで問題となるのは、そのような業の影響を担って生まれかわり死にかわりする「輪廻の主体」は何かという問いであった。部派仏教においてこの問いかけへの思索が深まり、いくつかの部派で輪廻の主体を想定するにいたった。

たとえば赤銅鍱部《しゃくどうようぶ》はそれを「有分識」、大衆部《だいしゅぶ》は「根本識」、化地部《けじぶ》は「窮生死蘊《ぐうしょうじうん》」とそれぞれ呼んだ。

このような「輪廻主体」追究の頂点において発見されたのがアーラヤ識である。

ヴァスバンドゥは「唯識三十頌」の第二頌でアーラヤ識について、「異熟はアーラヤ識と称される識で、一切の種子をもつものである。」と説明する。ここでは、アーラヤ識が「異熟」という言葉で言いかえられている。

「異熟」とは、「異なって熟したもの」という意味で、過去世（あるいは現在世）の業を原因として現在世（あるいは未来世）に生じた結果、すなわち自己存在をいい、その自己存在の根本をなすものがアーラヤ識であると考え、アーラヤ識を「異熟」と呼ぶ。

この異熟すなわちアーラヤ識が現在から未来へと生まれかわる機構について、ヴァスバンドゥは「唯識三十頌」第十九頌で「業の習気は二種の執着の習気をともなって、まえの異熟が滅するとき他の異熟が生ずる」と説く。前述の「まえの異熟」とは現在のアーラヤ識であり、「他の異熟」とは来世のアーラヤ識である。この来世のアーラヤ識を生み出す力が現世の業の習気、すなわち現世に行なった行為がアーラヤ識の内にとどめた残気（種子）である。

（六）「識の転変」とは

（同書　Ｐ２０９〜Ｐ２１２より一部引用）

「識の転変」とは、こころの活動のことをいう世親（ヴァスバンドゥ）独自の述語である。世親はあらゆる存在をこの識の転変のなかにおさめつくす。

われわれはさまざまな事物、たとえば自己のこころ、自己の肉体、山、川、大地など自然を知覚するが、それらのすべてはこころがこころ自体の内部で作り出した表象にすぎず、それら表象に対応する事物が外界に存在するわけではないと考える。

われわれは、ふつう肉体や自然はこころを離れて独立に存在すると素朴に考える。

たとえば目の前に一本の松の木を眺めているこころは、しばらく同一のこころが働いていると考える。対象の松の木についても、こころをはなれて一定不変の松の木が存在し続けると思う。だが、実際はそうでなく、こころは一瞬に生じては滅し、次々に新たなこころが生じ、そのような刹那に生滅するこころの連続体が、こころの活動であると仏教は考える。松の木をしばらく眺めているということは、あたかも何十コマのフィルムの映像がスクリーンに投写されて、一連のシーンができあがるように、生じては滅する数多くのこころの連続から成立していると考える。

こころはとにかくとして、松の木が刹那に生滅しているとはなかなか納得できない。しかし、仏教は外界の事物を心の中に還えし、松の木はこころの中の事象であるととらえ、こころが刹那生滅であるから、松の木も一瞬一瞬に生じては滅していると主張する。とくに唯識思想はこころの存在しか認めないから、こころの作り出した肉体や自然界はこころに他ならず、したがってこころと同じく常に生じては滅していると考える。

三　所感

以上、唯識の沿革・思想について横山紘一氏、三枝充悳氏の著書よりエッセンスと思われる部分のみを断片的に引用し、紹介をさせてもらったが、唯識の理解度を深めてゆくためのキーワードは、個人的には「アーラヤ識（異熟）」ではないかと考える。（「異熟」という概念については、本書の十一章において考察を試みているが、そこに掲げる異熟という言葉の概念は狭義の意味のものであり、因果応報の法則のタイムラグを表わしているものであるので、あらか

じめ誤解のなきよう申し上げておく）

唯識では個人の心は眼耳鼻舌身意の六識にマナ識（自我意識）とアーラヤ識を加えた八識によって構成されていると説かれているが、アーラヤ識こそが、輪廻転生により相続され、個我が個我であるための中心を為すもの、否、絶対主観が絶対主観であることの必要不可欠な要件であると考えるのである。

私はここで「絶対主観」という独自の造語を敢えて使用させていただいた。

何故ならば、次に記す最終章の題を「絶対主観について（天上天下唯我独尊）」に定めたいと思っている。

何度も言うように、唯識という思想は自然、宇宙という現象そのものが独立して存在するものではなく、個々人の八識で構成される心が生じさせるものであると説く。

このぼんくらは、唯識という思想に触れる事により人生観や従来の価値観がひっくり返ってしまった。そして、この思想に夢中になればなるほど、あるバチ当たりな妄想が頭から離れないようになったのである。

その妄想とは、とても思想というような体系的・学問的に整えられた代物ではない。

また、仏教の正統な教えからも、かなり乖離した考えとなっている。むしろ愚か者の思い込みといった方が良いであろう。

しかし、この「絶対主観」という愚か者の思い込みこそが、本書を書き進めてゆく途上において、このぼんくらの最大の叫びとなり、この「ぼんくら仏教論」を記した最大の理由となってきたのである。

私は読者諸氏に謹んで申し上げる。次に最終章で記す「絶対主観について（天上天下唯我独尊）」は、到底共感してもらおう、理解してもらおうとの気持ちでは記していない。愚か者の痴れ言と一笑に附してもらえれば、それで結構なのである。

第二十二章　絶対主観について（天上天下唯我独尊）

一　主観の態様

いよいよ最終章を記すこととなった。

誠に唐突ではあるが、ここで読者諸氏に一つの問題を提起したいと思う。

その問題とは「今現在の地球人口は約七十八億人であるとされているが、その中において人間の主観はいくつ存在するか？」というものである。何とも奇妙な問題と思われるかも知れないが、出題者はいたって真面目であるので、どうか真剣に考えて欲しい。

その前にこの問題のテーマである「主観」という概念について、少しだけ補足説明をしておきたい。

「主観」という言葉からは、一般的に「自我意識」とか「認知機能」という概念を思い浮かべることが出来る。これらの熟語の意味は、読んで字のごとく自己という存在を意識することや、五感で知覚したAならAという事象を脳で正しくAであると認識することであるが、「主観」という概念はそれらの概念を全て含んだ、この現象世界を覚知するために絶対不可欠な概念ではないかと思うのである。私たちはこの「主観」という言葉を日常会話の中で頻繁に使用している。

例えば「あの人は主観的にしかものを考えない」とか「私の主観では、この考え方は正しい」といったところであろうか。

日常的に私たちが何げなく使っている「主観」という言葉は残念ながら、実際には「自己中心的な考え方」くらいの意味でしか使われていない。しかし、よくよく考えてみると、その言葉にはとてつもない重要な意味が潜んでいるということがわかってくるのである。その意味を検証する前に、少し話を元に戻そう。前述した問題の解答を記さなければならない。

常識的に考えれば、当然人間には一人一人主観があるので、主観は七十八億あるという解答が導き出されるであろう。

しかし、本当に主観というものは七十八億あるのであろうか？　よくよく考えていただきたい。確かに地球の人間七十八億人が全て主観を持っていることには間違いない。

しかし、Aという一人の「主観」を持つ人間が、仮に他の七十七億九九九万九九九九人を見渡すことが出来たとした場合、Aにとっては、A以外の人間は全て「主観」ではなく「客観（客体）」となってしまうのである。

ようするに、主観を持ったAが、主観を持ったBを見ると、主観を持ったBは客観（客体）となってしまうことになり、逆に主観を持ったBが主観を持ったAを見たら、Aは客観（客体）となってしまうということなのである。至極当たり前のことであるが、ここにこの問題の解答を導き出すための大きなヒントが隠されているのである。

二　絶対主観とは

ここで、更に自論を発展させてゆくためには、「主観」という言葉の概念だけでは限界があるため、今後、あえて「相対主観」、「絶対主観」という造語を使用させていただくのでご理解願いたい。

まず、この造語の説明から始めたいのであるが、「相対主観」という言葉の概念は、いわゆる私たちがイメージする常識的な主観であり、前述したようにAがBを見ればAが主観となり、BがAを見ればBが主観となるような、立場によって主観にも客観にも成り得るような相対的な主観を指す。

なるほど、このような常識的な考え方をもってすれば、主観というものは、地球の人口七十八億人分あるという解答が正解になる。

しかし、真正なる主観、いわゆる「絶対主観」という概念は、そのようなものでは断じてない。絶対的な主観というものは、Aという人物ならば、Aという個人のみが有している主観、Bという人物ならばBという個人のみが有している主観であり、絶対主観というものは唯一人にしか存在し得ないものなのである。但し、誤解のないように申しておくが、その絶対的な主観というものは、昨今、各個人個人の個性を尊重するフレーズとして良く使われている「ナンバーワンではなくオンリーワン」というものに相当する概念ではない。「オンリーワン」（人間は全て個性、人格が異なる存在である。故に一人一人にこの世に存在する価値があるとする考え方）という考え方も仏教の教えに叶った誠に尊い考え方ではあるが、まだ相対的範疇の内にあり、私の考える絶対的な主観とは言えない。

「絶対主観」という概念を言葉で説明することは非常に難しい。

何とか理解してもらう方法はないものかと、私なりにいろいろと考えてみたが、ここで一つの方法を試してみようと思う。

それは、今、この本を読んでいる読者諸氏に二人称で問いかけてみるという方法である、読者諸氏は、私の問いかけどおりにしていただくだけで結構である。それでは早速始めてみよう。

まず、今、あなたは何をしていますか？
そう、当然この本を読んでいるところですね。
では、少しの間だけ、この本から目を離してまわりの景色を見まわして下さい……。
さあ、何が見えましたか？
そして何が聞こえ、どのようなことを感じましたか？

ただ、それだけの事である。

さて、あなたには何が見えたのであろうか？　部屋でこの本を読んでおられる方には、部屋の壁や窓の外の景色、そして照明器具や部屋のインテリア等が見えたのではないだろうか？　また、何が聞こえたのであろうか？

鳥のさえずりや車の通り過ぎる音が聞こえたかも知れない。そして、どのような事を感じられたのであろうか？

それは、体のある部分が痒く感じたとか、昨日テレビで見た光景が頭に浮かんだとか、取るに足らぬ事ばかりであったかも知れない。しかし、あなたにとっては、日常の瞬間、瞬間に連続して起こるその現象こそが「絶対主観」なのである。

この状況は、地球人口七十八億の中で、絶対にあなたしか知覚できないものなのである。

「絶対主観」とは、唯一個人のものである。否、三人称での表現は誤解を招くのでやめなければならない。

「絶対主観」とは、Aという名前のある私とか、Bという名前のある私とかなど、全く関係ない。一人称である「私」だけのものである。少し混乱を招くかも知れないが、今、「あなた」と二人称で呼びかけた読者諸氏は、絶対的な「私」であり、絶対的な主観そのものである。そして読者諸氏が見る光景、感じる現象こそが唯一無二の真の宇宙なのである。仮にある時間、窓も何もない暗い部屋に読者諸氏が居たとすると、その暗闇の空間こそが、絶対的な宇宙なのである。

当然のことながら、その時間帯においては、太陽も月も宇宙には存在しない。部屋の外に太陽や月が存在する、あるいは普段どおりの見馴れた光景や空間が存在しているとする確信は、唯の推測にでしか過ぎないのである。（本書第十四章「もう一つの真実（有限）」を参考にされたい）

前章でも紹介したように、仏教哲学者の横山紘一氏は、唯識では一人一人に個人の小宇宙が存在する（人人唯識）と説かれている。

このぼんくらも、その唯識の思想に大きな感銘を覚え、その唯識の思想を基に、この最終章を記しているのだが、ここで生意気な事を言わせてもらえば、人人唯識で説く「識」（主観）というものは、未だ相対主観の域を超えない概念ではないかと思うのである。何度も記すように「絶対主観」というものは自己を認識している『私』だけが有するものであって、他我（他人）が有する主観は全て客観となる。

故に、一人一人に個人の小宇宙が存在するという人人唯識の思想も『私』という絶対主観から見れば、それはあくまでも推測の範疇を超えることはできない。

『私』という絶対主観が見て、そして感じる現象こそが、絶対的な宇宙であり、絶対的な客体（客観）として実在するのである。

この自論に対して、『私』という絶対主観がなくとも、他の人間が宇宙や現象を認識するならば、宇宙や現象は実在するという反論も出てくるであろう。

しかし、何度も繰り返すことになるが、他の人間の主観はあくまで「相対主観」であり、『私』という「絶対主観」からすれば、全て客観となる。理論上、客観が客観を認識することは不可能なのである。

（二）似て非なるもの「独我論」

ここまでの極論を展開すると、この論理は「独我論」の極みであると狂人扱いされそうであるが、この自論は「独我論」とは似て非なるものである。

一般的に「独我論」とは「実在するものは自分の自我だけであって、他我（他人）及び一切のものは自我の意識内容として存在するにすぎぬ」という思想である。

西洋近代哲学においては、アイルランドの哲学者バークリー（一六八五年～一七五三年）が代表的な提唱者とされているが、近似的な思想を持った哲学者としては、フィヒテやシュティルナー等の名もあげられる。

しかし、この思想を突き詰めてゆくと、自我（主観）だけが最高の存在であり、他我は客観にすぎないため、自己以外の価値を一切認めないという危うい部分が浮かびあがってくる。「独我論」という思想は、解釈の仕様によっては、人間の心に内在する傲慢、偏見、軽蔑、憎悪といった闇を増幅する悪魔的な思想と言えるかも知れない。

さて、先ほど、このぼんくらの自論である「絶対主観」というものは「独我論」とは似て非なるものであると記したが、何故、似て非なるものであるかという事について説明をしておかなければなるまい。

そのためには、まず自然や宇宙を含む全ての「現象」というものがどうして存在するのかという事について考えてゆく必要がある。

（二）現象の存在形式

普通、宗教・哲学の分野において、この「現象」という概念は二つに大別されるのではないかと思われる。

その一つは、通常、我々が抱いている考え方であり、主観が存在しなくとも客観が存在するという考え方である。

つまり、自然や宇宙という現象は、それを認識する主体が無くとも在り続けるという考え方である。この考え方は、フォイエルンバッハやマルクスが唱えた唯物論に近いように思われる。

そしてもう一つは、主観が存在してこそ客観が存在するという考え方である。

大雑把に言うと、唯心論あるいは観念論というように呼ばれている思想であるが、前述した独我論や大乗仏教で説かれる唯識論も、この範疇に属すると解釈しても概ね間違いはあるまい。

ただ、唯識論では現象は識（心）が創り出すものとして説かれており、唯心論の中でも特異な位置に在るものと考えられる。

つまり、宗教・哲学上の根本問題ともいえる「現象」の存在形式については、極言すれば唯物論であろうと唯心論であろうと、客観が先か？　主観が先か？という後先の問題として区別されているのである。

（三）絶対主観の要件

当然、この「絶対主観」という概念も、大乗仏教の唯識論をベースとして組み立てた考えであるため、唯心論の範疇に属すると考えていただいて結構なのであるが、唯一、既説の唯物論や唯心論と決定的に異なる部分がある。それは、主観が先か？　客観が先か？という後先論自体が存在しないという事なのである。

このぼんくらは、主観（自我意識）と客観（現象）は相依的な関係により成立するものと考えている。

仏教の教えで言い換えるならば、非自性と非自性の関係性に該当すると思うのである。（本書第十三章参照）

ようするに主観も非自性であり、客観も非自性ということである。

考えてもみていただきたい、そもそも主観（自我意識）がなくして客観（現象）が存在するだろうか？　客観（現象）がなくして主観（自我意識）が存在し得るであろうか？　どちらが欠けていても、その答えは否である。

どちらの観念も単独では決して成立し得ない非自性的なものである。

故に、主観（非自性）と客観（非自性）が相依あるいは一元化することによって、初めて主観という観念も、客観という観念も成立するのである。（仏教的な表現をすれば自性的なものに成ると言えよう）よって、主観や客観に後先は在り得ない。

どちらも非自性のものであるが故に、その二つの非自性のものが相依して、微塵の誤差もなく全く同時に自性的なものになるのである。これが、独我論と絶対主観が「似て非なるもの」とする最大の理由である。

独我論は主観（自我意識）というものを最高の価値観と位置づけ、あくまで自性的なものとしている。

しかし、絶対主観という観念は独立自尊の観念では決してない。何度も言うが、主観（非自性）と客観（非自性）が相依して初めて成立する観念なのである。主観、客観にかかわらず、全ての現象が非自性の相依により成立するのである。

この原理からわかるように、絶対主観という観念は完全に仏教の教えと合致している。全ての事象は、助け合い、支え合って成立しているのである。認識する主体（主観）も認識される客体（客観）があればこそ、初めて存在できるのである。

又、主観は一般的に自我意識と解釈されているが、この自我意識でさえも、お釈迦さまの教えのとおり、基を辿って考えてゆけば、全てまわりの環境や他人（他我）の影響により成立するものであり、自我意識といった自性的なものなど何処にも存在しないのである。

三　天上天下唯我独尊の真意

そして、もう一つ是非記しておきたい事がある。それは本章の副題に掲げる「天上天下唯我独尊」という言葉の意味についてである。この言葉は誰もが知っているとおり、お釈迦さまがお生まれになった際、七歩あゆまれ、右手を天に、左手を地に指されて発せられた言葉とされている。

実際に誕生されてすぐ、そのような言葉を発せられたかどうかという事の真偽はさておき、この言葉を我々がどう解釈するという事が問題となってくる。

このぼんくらも当初は何故、お釈迦さま程の偉いお方がこのような傲慢とも言える言葉を発せられたのであろうか？と、素朴な疑問を抱いていたが、逆にお釈迦さま程の偉い方であればこのような言葉を言われても当然か……と、妙な理屈をこじつけて、自分の中で無理矢理納得していたように覚えている。

その後、仏教書をかじってみると、「天上天下唯我独尊」という言葉は、前述した「オンリー・ワン」の意味、つまり人間は個性や人格が異なる存在であるが故に、一人一人がこの世に存在する意味があると、お釈迦さまは伝えられたかったという事がわかってきた。この解釈については、著名な仏教哲学者や高僧によって若干のニュアンスの違いは見受けられるが、基本的には間違いないと考えても差し支えあるまい。

なるほど、「天上天下唯我独尊」という言葉が「オンリー・ワン」という意味であれば十分に納得できると、このぼんくらも今までに増して、お釈迦さまの教えに親近感を覚えてきたのであるが、ある時点を境として、この言葉の真の意味は「絶対主観」の事ではないかという何とも空恐ろしい考えが頭の中を支配してきたのである。

読者諸氏におかれては、失笑を通り越して、「このバチ当たり奴が！」と大変なお叱りを受けそうなのであるが、何卒ぼんくらの痴言《たわごと》ということで、ご容赦いただき、今暫くお付き合いを願いたい。

それでは、お叱りを覚悟のうえで「天上天下唯我独尊」のぼんくら流の解釈を披露させていただく事にする。

まず「天上天下」という言葉であるが、これは全ての世界、宇宙そのもの、現象そのものとして解釈しても間違いないであろう。

そして、次に「唯我」という言葉であるが、この言葉こそ「絶対主観」であると解釈したいのである。「唯我」つまり、『私』という存在は地球の人口が七十八億人あろうとも、唯《ただ》一人であり、その他の人は『私』から見ると全て「彼」又は「彼女」なのである。

故に『私』という主観は、現象世界の中において唯一、己自身の実在を感じ、客体を認め得るもの、いわゆる「絶対主観」であり、その絶対主観が認識した現象こそが絶対的な宇宙そのものなのである。

そして、ぼんくらは更に妄想する。『私』という全ての現象を認識する絶対的な主観が無ければ、全ての現象（絶対的な宇宙）は存在し得ないのである。故に、故に……、お釈迦さまは「独尊」、つまり絶対一人の『私』こそが何にも増して尊いものであるとおっしゃりたかったのではないだろうか。

そして決して忘れてはならない事は、この「独尊」に隠されているもう一つの意味、『私』という存在や認識は決して自性のものではないという事である。まわりの環境や他の人々の愛情や慈しみという諸要素の集合によって成り立っているが故に、今在る『私』という存在を尊ばなければならないという事、そして同様に、否、それ以上に客観（客体）というものを尊ばなければならないという事を「天上天下唯我独尊」という言葉で、お釈迦さまはお伝えになりたかったのではないだろうか。

四　絶対主観と死の関連性

さて、長々とこのぼんくらの妄想にお付き合いをいただいたのであるが、最終章の結びとして、「絶対主観」と「死」の関連性を考察し、そして更に絶対主観の永遠性を展望することによって「ぼんくら仏教論」の幕を閉じたいと思う。

序文でも記しているように、私は死という決して逃れる事の出来ない現実に絶望的な恐怖を感じ、その恐怖から少しでも逃れるために仏教書を読み、この「ぼんくら仏教論」という書の執筆にとりかかった。

本書全二十二章の中においても、死又はその関連事項を取り扱った部分は、かなりの割合を占め、その永遠の謎にアプローチするべく悪戦苦闘をしてきたつもりであるが、冷静になって考えてみると、お釈迦さまでさえ「無記！」と一蹴された「死」という巨大な壁に対して、このぼんくら如きが立ち向えるはずもない。ただ、本書を書き進めてゆくにあたり、絶対主観という観念がもし在るとしたら、死という観念は同立し得ないのではないか？という新たな疑問が湧いてきたのである。その思いを開示する前に、ある本に「死」という観念について面白いことが書かれていたので、まずその内容を簡単に紹介したいと思う。

その内容とは、ある哲学者が言った説であるという事であるが、「自分自身という存在には決して死はやって来ない。」というものである。何故ならば、死というものを認識するということは、自分が生きて意識が働いているからこそ認識するのであって、死んでしまったら「死」というものは認識できない。

だから、自分自身には決して死はやって来ないというのである。

なるほど、この説は大いに共感できる一つの達見である。

本書の第七章「自我意識と死について（告白）」に参考として掲げている虚室生白の『猿法語』にも同じような死というものの考え方が記されている。

結局私たちは他人の死というものを幾度か目にしており、その経験により死というものは確実に存在すると思い込んでいるのである。しかし、それはあくまでも客観的な死という観念であり、自分の死という認識は、主観的には絶対経験できないものなのである。

このように考えてゆくと、自分の死を自分の主観では認識できないという解答が導き出されるが、絶対主観を基にして考えてみると、死という観念は存在しないどころか、『私』という絶対的一人称の観念が永遠に存在するということになってしまうのである。

本章でも執拗に主張させてもらっているが、『私』という絶対的な主観が無ければ現象や宇宙そのものが存在し得ないのである。

逆に言うと、現象や宇宙が存在するためには、それらの客観（客体）を認識するための絶対的な主観（主体）がなければならない。

例えば、今、この文章を書きつつある者は、このぼんくら（私）であり、デカルトの「我思うが故に我有り」ではないが、「私」という存在を認識しているが故に、その観念は絶対主観そのものである。

しかしながら、主観というものは肉体という客観（客体）の働きにより機能しているため、必ず肉体の消滅（死）とともに、このぼんくらの主観が消滅する道理は免がれ得ない。だが、最も重要なことは、そこで消滅するのは、ぼんくらという名（記号）を持った主観（ぼんくらを認識する私）にすぎないということである。

先述したように、現象や宇宙が存在するためには、その対象（客観）を認識する主体（主観）が存在しなければならない。

そのためには、必ず新たな肉体を持った「私」という主観が発生しなければならないのである。当然その肉体の名（記号）は、ぼんくらではなく異なった名（記号）となるであろう。しかし、肉体や名が異なろうとも、現象を認識し得る主観は、Aさん、Bさん、Cさん……の主観、いわゆる相対主観なるものではあり得ない。「私」という絶対唯一の絶対主観だけなのである。

五　永遠なる絶対主観

このように考えを巡らしてゆくと、今、このぼんくらという「私」が死んで輪廻転生により、百年、千年後に全く異なった肉体と全く異なった名を持った新しい「私」という主観が発生したと仮定しても、「私」という絶対主観は一瞬の途切れもなく連続して存在し続けることになる。（百年、千年の時間的な経過はどのように理解すれば良いのかと疑問に思われる読者諸氏もおられるであろうが、本書第八章「時間の非存在と連続について」においても記しているように、認識する主体がなければ時間は存在しない）

絶対的な主観、いわゆる「私」という無記名の存在を認識し続ける観念こそが、宇宙という現象を在らしめるのであり、その現象が連続して実在するためにも、絶対主観は一瞬の途切れることなく連続して実在しなければならないのである。

更に言及するならば、絶対主観という観念は、仏さまの意思が最も反映される可能性があるとする見方も出来る。否、仏さまそのものと定義しても良いかも知れない。

何故であろうか？　仏教（唯識）の教えに「一水四見」という教えがある。

その意味は、同じ水でも見方によって四通りに見えるということを表わした言葉である。人間にとって普通の飲み水であっても、魚にとっては住処《すみか》であり、エサを求める生活の場となる。

天人にはきれいに透き通ったガラスのように見え、餓鬼には飲もうとした瞬間、火に変わる苦しみの水となる。

同じ水でも、人間、魚、天人、餓鬼とでは各々異なって見えるという教えである。

よく考えてみれば「一水四見」という仏教の教えは、自画自賛ではないが絶対主観という観念に見事に当てはまるという事がわかってくる。例えば『私』という存在が、憎悪、嫉妬、欲望、無知といった低いレベルの意識状態にあるとすると、その主観で見るもの、聞くもの、触れるもの等の客体は、その真の姿を投影することが出来るであろうか。

これはあくまでも推測の域を出ないが、おそらくその主観で覚知する実景は餓鬼、畜生が覚知する実景とそれ程変わらないものであろう。逆に深い慈悲心、智恵を有した『私』という存在が覚知する実景は、客体の真の姿が現出してくるというようなものではないだろうか。（残念ながら、このぼんくらの意識レベルは餓鬼、畜生の類とはさほど変わらないため、未だ昏く、高いレベルの意識状況というものを具体的に推測することは難しい）

思うに全ての人間の主観は、低きは餓鬼、畜生の意識レベルから、高きは菩薩、天人の意識レベルまで、どれ一つとして同レベルのものはない。

人間は輪廻転生を繰り返し、生まれては死に、死んでは生まれ変わるという仏教の教えを私は信じているが、その生死の永遠ともいえる円環性の中において、『私』という絶対主観は、あたかも太陽のまわりを巡る八惑星の如く、ある生では太陽の最も外周を巡る海王星のように、そしてある生では最も内周を巡る水星のような軌跡を描くことがあるのではないかと想像するのである。

この例《たとえ》は言うまでもなく、太陽は仏（如来）を表わし、八惑星は絶対主観の意識レベルを表わしている。

仏教の根本原理の一つである因果応報の法則で説くように、ある生で「私」という絶対主観が低いレベルで生を終えるとしたら、覚知することになる来世での「私」という絶対主観は、今生の意識レベルと同等か、あるいは更に低い意識レベルとして現出し、高い意識レベルの状態で生を終えるとしたなら、逆の現象が生ずるのではないかと予感するのである。つまり、意識レベルの低い絶対主観を持った人の一生は太陽から遠く離れた外周を巡る星の軌道に相当し、高い絶対主観を持った人の一生は太陽により近い位置を巡る星の軌道に相当するものとイメージしてもらえば良いであろう。

まさに人間の一生というものは、仏さまが投げかけて下さる慈悲や智慧という光体の周りをまわっている惑星そのものである。

そして仏さまは、輪廻の軌道を繰り返しまわる「私」という絶対主観に対して、無限の光をしっかりと受け止め、その光の意味を知り、そして、その光そのものに成れと、常に手を差し伸べて下さっているのである。

跋文

この「ぼんくら仏教論」という小著は、私が六十歳で会社の定年を迎え、魂の叫び、生きた証《あかし》として心の中に燻《くすぶ》り続けていた想いを吐露した自分史とも言える作品である。

思えば、このような取るに足らない小著ではあるが、この跋文《ばつぶん》を記すまでに四年という長い歳月が経過してしまった。

今、この本を改めて読み返してみると、表現力の稚拙さが目立ち、己の文才の無さを痛感する次第である。

また、この小著を書き進めてゆくうちに「絶対主観」という観念に取り憑かれてしまい、その自論を最終章で展開することになったことは全く予想外の出来事であった。

思い返せば、四年という歳月の間に「絶対主観」なる妄想ともいえる自説を仏教に融合させ、無記名かつ普遍的である**「私」**という存在の永遠性を肯定したいという強い願望が徐々に芽生えはじめて来たのではないかと思うのである。

さて、この「ぼんくら仏教論」も、この跋文にていよいよ筆を置くことになるのであるが、一体どのような偶然あるいは必然が起こったのか知らぬが、今、この時（令和二年六月末）、新型コロナウイルスの蔓延という未曾有の厄災が日本のみならず、世界中の国々にも波及している状況にある。

現時点において、世界全体の感染者数は一千万人を超え、死者数は五十万人に達する勢いであり、今後も更に感染者数、死者数が増大してゆくのではないかと、連日、メディアにおいて医療現場の危機的な状況等が報道されている。

この現実を目のあたりにして、今から十一年前、東日本大震災が起こった時にも同じような感覚に捉われたことを覚えている。その感覚とは、仏教にしてもキリスト教にしても、宗教という存在の無力感であった。

人類が想定外の大災害や大厄災に遭遇し、その存在の危機に陥った時こそ、救いや希望の光を示すことこそが、常識的には宗教の重要な役割ではないかと思うのであるが、実際に災害が現実として目の前に現れてくると、宗教といえども全く為す術《すべ》がないのである。

仏教界においても、災害現場でのボランティア活動や被害者の方々の心のケアに真摯に取り組んでいる方々も居られるようであるが、一般的には、せいぜい葬式を執り行うか、死者のためにお経を唱えることぐらいしか出来ないのではないだろうか。

私は決して仏教を非難しているのではない。仏教とは「私」という個人個人が、この世に存在する意味や価値を教えてくれる宗教であると思っている。勿論、この世に存在する全ての人間は各々異った価値観を持っており、その価値観に従って行動し、その生命を全とうしようとする。

中には、金持ちになることを最高の価値観として生きてゆく人もあるだろう。

権力や名誉を得ることに執着して生きてゆく人もあるであろう。あるいは宗教に救いを求め、現世での幸福や家内安全を願う善男善女も数多くいることであろう。人各々、その想いや価値観においてはある程度類似性は認められるものの、どれ一つとして同じものは無い。

誰もが人生にどのような意味を見い出し、どのような価値観を持って生きてゆくかは個人個人の自由であり、私ごときがとやかく言う筋合いなど全くない。

しかし、仏さまは常に私たちに、今、この世に「生」を受けている意味について語りかけて下さるような気がしてならないのである。私たちは仏さまの御心に、もう一度初心に立ち返り、向き合ってみる必要があるのではないだろうか。

確かに、仏さまはいくらお祈りをしても災害や病を封じては下さらない。願いもなかなか聞き届けては下さらない。

私たち人間という動物は、自分が生きてゆくうえでの安全や幸福という現世利益に大きな価値観を見い出し、あるいは極楽浄土への往生など、その願いや欲望を叶えてもらうために、仏さまという超自然的な存在に手を合わせ続けてきたのである。

少し表現方法が悪いかも知れぬが、これは一つの取引行為と言えよう。

ご利益のある仏さまには自ら進んで手を合わせ、お賽銭の額もはずむ。反対に、ご利益のない仏さまには見向きもしない。ひどい時などは「神も仏もないものか！」と言って、仏さまを憎悪することさえあるのである。

人間とは誠に勝手なものである。私自身もそのように思った事は何度もある。

しかし、よくよく考えてみるならば、やはりその考え方は、仏さまとの取引きそのものであり、仏さまの御心を人間が勝手に己の価値基準にまで引きずり降ろしているのである。

また、人間は自己の存在にとって害を及ぼすものを「悪」と決めつける傾向があるように思われるが、もともと自然災害や病気などに善や悪などという意思があろうはずもない。更にあえて極論するならば戦争やテロ、環境破壊等の人為的な行為についても、国家や人間各々の価値観の対立により発生するものであり、俯瞰的視点より眺望すれば、自然現象の一部として認識することも可能であろう。改めて、仏さまの真の御心は何か？という問いについて思いを巡らせてみると、仏さまが奇跡を顕現して衆生を救うという行為ではないということが何となくわかってくるような気がするのである。

別章でも、一度記したがお釈迦さまも次のような事をおっしゃられている。

「おのが心を措《お》きて　何処に拠《よ》るべぞ。
よく整えられし己にこそ　得がたき
よるべを得ん」と。

一見、突き放した冷たい印象にも受け取られるが、そうではない。

お釈迦さまは、私たち個人個人に己の心を常に磨いておけとおっしゃっているのである。己の心を磨けば、少しずつ仏さまの御心がわかってくる、仏さまの世界が見えてくるとおっしゃっているのである。

前文において、仏さまが私たちに、今、この世に「生」を受けていることの意味について語りかけて下さるような気がしてならないと記したが、その語りかけは日常どのような時間・場所においても行われている。

今の時期であれば、雨に洗われる木々の緑を見て「ああ……美しい！」と感じることもそうであろう。また病に罹かった人を見て、何とか援助してあげたいと思う気持ちもそうであろう。このような気持ちになるという事は、自分自身が勝手にそう思うという事では決してない。仏さまが自然現象や人との交わりを通して語りかけて下さるからこそ、そのように思う事が出来るのである。

結局、己の心を磨くという事は、常に語りかけて下さる仏さまの言葉をどのように自分なりに受け止め、そして行動に結びつけてゆく事ではないかと思うのである。

私も如何にも悟りきったような事を書いているが、生来のぼんくらであるが故に、仏さまの語りかけを聴き逃してしまう事や、その意味を理解出来ない事が非常に多くある。

当たり前の事が有り難き事であると常に仏さまが語りかけて下さるにもかかわらず、当たり前の事に何の喜びも感謝の念も覚えない私という愚か者がここに居る。

また、当たり前の日常が崩れ去り、当たり前以下の状況に身を置くことになれば、その状況に不平不満を言い、嘆き憎悪するばかりの私という愚か者がここに居る。

そして、当たり前という日常の有り難さを忘れ、果てのない欲望に身をやつす私という愚か者がここに居るのである。

まだまだ、私の心は泥だらけである。そして、「私」という絶対主観で今見ている風景も餓鬼や畜生が見る風景とさして変わらない。

しかし有り難いことに、この「ぼんくら仏教論」を書き進めてゆくうちに、自分自身の愚かさを徐々にではあるが、気付かせていただくとともに、パンタカ（本書第十九章参照）のような虫のごとき存在である私でも、己の心を常に磨き続けてゆくならば、何時かは仏さまの御心に近づくことが出来るという希望と救いを仏さまから教えていただいたような気がするのである。

さて、もうそろそろ筆を置く時が来たようである。私はこの書において、仏教というある意味においては、とてつもなく難解な思想に対して、先賢諸氏が多大なる労苦を費された数多くの学術書、研究書等があるにもかかわらず、身の程もわきまえず独自の解釈を試してみようと蟷螂の斧を振り上げてきた。

もし、熱心な仏教信者の方、あるいは仏教を研究されておられる方が、この本を読まれたら、とても仏教論といえる代物ではないと失笑を受けることになるであろう。

しかし、私は仏教という教えは、どんなに偉い高僧や学者の先生方が示された解釈にしても絶対的に正しいものはないと思っている。それこそ人間の数ほど、仏教という教えの解釈があっても良いと思っている。

仏教という教えは、頭の良い人、素行の正しい人、心信深い人たちだけのためにあるのではない。人間には各々、「私」にしか見ることが出来ない絶対唯一の実景がある。

だからこそ、私のようなぼんくらが見る仏教という実景も、また違った仏教の側面を浮かび上がらせるという、それなりの意味があるのではないかと固く信ずるのである。

やっと筆を置く時が来たようである。いつになく私の心は晴れ晴れとしている。

妄想の書とも言えるこの小著を読み終えていただいた読者諸氏に、心より感謝の念を捧げつつ跋文を閉じることとしたい。

合掌

参考図書

○三枝充悳著『仏教入門』岩波新書
○鎌田茂雄著『観音経講話』講談社学術文庫
○鈴木大拙著『日本的霊性』角川ソフィア文庫
○A・W・ムーア著（石村多門訳）『無限（その哲学と数学）』講談社学術文庫
○鎌田茂雄著『華厳の思想』講談社学術文庫
○立川武蔵著『空の思想史』講談社学術文庫
○末木文美士著『現代仏教論』新潮新書
○田上太秀著『仏典のことば』講談社学術文庫
○西田幾多郎著（全注釈　小坂国継）『善の研究』講談社学術文庫
○金岡秀友著『般若心経』講談社文庫
○中村元著『龍樹』講談社学術文庫
○渡辺照宏著『お経の話』岩波新書
○横山紘一著『唯識の思想』講談社学術文庫
○三枝充悳著『世親』講談社学術文庫

著者略歴

ぼんくら

島根県浜田市出身。
現在　神戸市在住。

ぼんくら仏教論

2021年10月20日　第1刷発行

著　者　ぼんくら
発行人　大杉　剛
発行所　株式会社 風詠社
〒553-0001　大阪市福島区海老江 5-2-2
大拓ビル 5 - 7 階
TEL 06（6136）8657　https://fueisha.com/
発売元　株式会社 星雲社
（共同出版社・流通責任出版社）
〒112-0005　東京都文京区水道 1-3-30
TEL 03（3868）3275
印刷・製本　シナノ印刷株式会社

ISBN978-4-434-29597-3 C0015

乱丁・落丁本は風詠社宛にお送りください。お取り替えいたします。